W0418347

ESERCIZI, CASI E MATERIALI

per lo studio del diritto tributario

DP 0228499914
ESERCIZI CASI
E MATERIALI P
ER LO STUDIO
DEL FEDERICO
GIAPPICHELLI

Lorenzo del Federico

ESERCIZI, CASI E MATERIALI

per lo studio del diritto tributario

Quarta edizione

IUSTITIAM COLIMUS
G. Giappichelli Editore

© Copyright 2021 - G. GIAPPICHELLI EDITORE - TORINO
VIA PO, 21 - TEL. 011-81.53.111 - FAX 011-81.25.100
http://www.giappichelli.it

ISBN/EAN 978-88-921-3872-8

Composizione: Voxel Informatica s.a.s. - Chieri (TO)

Stampa: Stampatre s.r.l. - Torino

Le fotocopie per uso personale del lettore possono essere effettuate nei limiti del 15% di ciascun volume/fascicolo di periodico dietro pagamento alla SIAE del compenso previsto dall'art. 68, commi 4 e 5, della legge 22 aprile 1941, n. 633.

Le fotocopie effettuate per finalità di carattere professionale, economico o commerciale o comunque per uso diverso da quello personale possono essere effettuate a seguito di specifica autorizzazione rilasciata da CLEARedi, Centro Licenze e Autorizzazioni per le Riproduzioni Editoriali, Corso di Porta Romana 108, 20122 Milano, e-mail autorizzazioni@clearedi.org e sito web www.clearedi.org.

«l'attività intellettuale di ciascuno, relativamente al diritto, può seguire due diversi indirizzi: o comprendere e svolgere la scienza giuridica in generale con la dottrina, l'insegnamento, l'esposizione, o applicare le regole ai casi della vita reale. Questo duplice elemento del diritto, il teorico ed il pratico, è dunque fondato sulla generale natura del diritto stesso, ma l'evoluzione di questi ultimi due secoli, ha fatto sì che questi due indirizzi si siano separati in due diversi stati e professioni sicché i giurisperiti, fatte alcune rare eccezioni, sono per loro vocazione esclusiva o principale dediti o soltanto alla teoria o soltanto alla pratica. Se dunque il vizio capitale delle nostre attuali condizioni giuridiche consiste in una sempre più marcata separazione della teoria e della pratica, non vi si può trovare rimedio che nel ristabilimento della loro naturale unità».

[F.C. VON SAVIGNY, *Sistema del diritto romano attuale*, trad. italiana di V. Scialoja, Torino 1886, 10 (*System des heutigen römischen Rechts*, Berlino, 1840)]

INDICE SOMMARIO

MATERIALI

(La documentazione relativa ai MATERIALI è riportata nella sezione on line)

PREFAZIONE ALLA QUARTA EDIZIONE

Gli ESERCIZI, CASI E MATERIALI *per lo studio del diritto tributario* consolidano il loro ruolo nel panorama degli strumenti didattici. L'ampio successo ottenuto nei corsi di studio universitari, nei master e nelle iniziative di alta formazione professionale, rende opportuna una quarta edizione, aggiornata ed arricchita sulla base dei preziosi suggerimenti formulati dai tanti qualificati ed attenti utilizzatori.

Ormai da tempo le riforme universitarie ed i consequenziali nuovi assetti della didattica hanno sollecitato ampie riflessioni sull'opportunità di innovare metodo e contenuti degli insegnamenti. Le nuove prospettive riguardano sia la didattica universitaria, sia l'alta formazione *post lauream* (master universitari, corsi di perfezionamento, scuole professionali ecc.).

La didattica *on line* è passata ormai dalla fase sperimentale alla piena maturità.

Sono emerse alcune linee di fondo, quanto mai rilevanti per le materie di area giuridica e comuni alle variegate esperienze didattiche: il discente deve essere coinvolto come soggetto attivo; l'insegnamento deve integrare la preparazione teorica con la dimensione applicativa; vanno offerti supporti materiali, documentali ed occasioni di indagine e di verifica empirica. Basti pensare ai nuovi indirizzi dei corsi universitari, all'integrazione fra corsi, laboratori e tirocini, alla ripresa di interesse per il *case method* di matrice statunitense, alle iniziative in tema di cliniche legali ecc. Anche le esperienze europee confortano tali tendenze, offrendo sperimentate ed interessanti occasioni di confronto e riflessione. Ciononostante la manualistica italiana continua a mantenere la sua connotazione tradizionale.

Il panorama della manualistica italiana nel settore del diritto tributario è ricco e pregevole, ma si riscontra la tendenza a privilegiare i profili di maggiore spessore della materia, dal punto di vista culturale, scientifico e teorico, a scapito di quelli più modestamente tecnici ed applicativi. La manualistica assicura grande e proficua attenzione ai principi generali, alla fiscalità complessa, alle procedure tributarie ed alla tutela del contribuente, ma resta marginalizzato il profilo della fiscalità di base, della gestione, degli adempimenti e degli aspetti applicativi. I nostri manuali universitari risultano quindi di grande pregio sul piano sistematico, ma non offrono molto per quanto riguarda la sfera applicativa, nella quale gli esercizi, i casi ed i materiali risultano essenziali per dare concretezza alla didattica.

In tale contesto è maturata nel 2014 l'idea di elaborare un libro dedicato agli ESERCIZI, CASI E MATERIALI *per lo studio del diritto tributario*, da affiancare ai prestigiosi e consolidati manuali oggi presenti nella vasta e qualificata offerta editoriale. Sulla base di una pluriennale esperienza questa quarta edizione delinea meglio la struttura e la funzione dell'innovativo strumento didattico, ormai diffusosi in molteplici corsi di studio universitari, master e scuole di alta formazione professionale.

Tuttavia a fronte dell'attuale caos legislativo resta fermo ed imprescindibile il ruolo del classico manuale universitario: studiare i principi, la parte generale della materia, il sistema tributario nella sua organicità, risulta, oggi più che mai, fondamentale. Pertanto questo contributo ha senso soltanto in una logica di affiancamento allo studio di un buon manuale universitario.

In ragione delle sue sperimentate peculiarità il libro si articola in tre parti: la prima, dedicata agli esercizi, contenuta integralmente nel presente, classico, volume cartaceo; la seconda, dedicata ai casi, consultabile *on line*; la terza, dedicata ai materiali, anch'essa consultabile *on line*.

Tra esercizi e casi vi è una omogeneità tematica; mentre i materiali sono stati scelti autonomamente, con l'obiettivo di consentire la conoscenza "documentale" oltre che quella teorica. Gli esercizi ed i casi riguardano le imposte sui redditi, l'Irap e l'Iva, ovvero i tributi più rilevanti nella gestione della fiscalità; i materiali sono stati selezionati in ragione dei momenti più significativi nella dinamica dei rapporti tributari, privilegiando le dichiarazioni, i controlli e gli accertamenti.

Gli esercizi sono inseriti in un contesto informativo ed esplicativo minimale, e tendono a coniugare l'approccio giuridico con il dato quantitativo (ineludibile nella gestione della fiscalità). I casi sono stati individuati in modo tale da sviluppare riflessioni di carattere critico e sopratutto laboratori basati sul *case method*. I materiali rispondono all'esigenza di conoscenza diretta e concreta della documentazione e delle sottese fenomenologie giuridiche.

La scelta dei temi è volutamente minimalista: infatti nell'esperienza dell'insegnamento non mancano gli ottimi manuali o gli approfonditi apporti dogmatici, ma c'è bisogno di supporti di base per una didattica più concreta.

Questo nuovo strumento tende a coniugare la cultura del sapere con quella del saper fare ed è rivolto ad ogni diverso livello di insegnamento, dai corsi universitari di base, ai master, dai corsi di perfezionamento alle scuole professionali. E ciò in ragione della struttura multilivello e dell'estensione della parte *on line*, contenente una ingente quantità di casi e materiali, di variegata complessità.

I casi e materiali sono consultabili e gestibili *on line* e ciò è risultato particolarmente proficuo durante l'emergenza sanitaria COVID 19, che ha comportato lo sviluppo e la diffusione della didattica a distanza.

Sia nella didattica a distanza, sia in quella classica, saranno i docenti a calibrare le proprie scelte ed a combinarle con le esigenze e le capacità dei discenti, trovando un giusto equilibrio tra i variabili fattori di complessità degli esercizi, la maggiore o minore difficoltà della casistica, la compilazione e lo sviluppo della documentazione raccolta nei materiali, l'elasticità della documentazione *on line*.

Il libro è nato per iniziativa del CIRTE (Centro Inter. Ricerche Tributarie Europee), che tra i suoi fini di studio e ricerca annovera anche quello di elaborare tecniche e materiali didattici innovativi che tengano conto della tradizione italiana e delle esperienze europee.

Il lavoro svolto si è avvalso del prezioso e fondamentale contributo di alcuni validissimi studiosi, cui vanno i miei più sinceri ringraziamenti: Alessandra Magliaro, Christian Califano, Concetta Ricci, Caterina Verrigni, Francesco Montanari, Gabriele Marini, Mario Cermignani, Francesca Miconi, Silvia Giorgi, Marco Baldacci, Simone Ariatti, Alberto Amori e Virginia Scalera.

Soltanto grazie alla loro particolare competenza è stato possibile aggiornare il libro, concepire e sviluppare gli esercizi, individuare i casi e selezionare i materiali, contenuti nell'ampia ed innovativa parte *on line*. Senza il loro aiuto questa quarta edizione non sarebbe nata. È chiaro però che la responsabilità del lavoro è mia, e dunque esclusivamente a me saranno imputabili eventuali lacune ed errori.

Come sempre sarò grato a chi vorrà fornirmi segnalazioni costruttive in merito; del resto, proprio per le sue connotazioni, si tratta di uno strumento fluido ed in evoluzione, per cui sarà facile e doveroso recepire i consigli. Ed invero questa quarta edizione presenta molteplici aggiornamenti e modifiche frutto dei rilievi e dei suggerimenti formulati da professori, studiosi, professionisti e studenti.

Probabilmente anche questa quarta edizione susciterà perplessità, riserve e critiche, a causa delle peculiarità e dei contenuti del volume; cercherò di tenerne conto, proseguendo dall'intento di dare comunque un contributo all'innovazione della didattica del diritto tributario.

Lorenzo del Federico

marzo 2021

ESERCIZI

1. Determinazione dell'Irpef
2. Tassazione separata
3. Reddito agrario e reddito di impresa
4. Reddito d'impresa e risultato d'esercizio: le variazioni in aumento e in diminuzione
5. Gli interessi passivi nel reddito d'impresa
6. Ammortamenti
7. Accantonamenti
8. Reddito delle società di comodo
9. Determinazione dell'Iva in fattura e tipologia delle operazioni
10. Rettifica della detrazione e *pro rata* Iva
11. Determinazione dell'Irap

1. DETERMINAZIONE DELL'IRPEF

Sommario: Premessa. – 1. Rilevanza delle perdite. – 2. Progressività delle aliquote. – 3. Deduzioni e detrazioni.

Premessa

Il meccanismo legislativo che conduce dalla determinazione del reddito complessivo alla quantificazione dell'Irpef dovuta si compone di vari passaggi. Dopo aver sommato **i singoli redditi**, occorre dedurre gli **oneri deducibili**, previsti tassativamente all'art. 10 del t.u.i.r.; in questo modo si ottiene la **base imponibile netta** sulla quale devono essere applicate le **aliquote**. Sul risultato così ottenuto, **imposta lorda**, si operano le **detrazioni** d'imposta ottenendo così **l'imposta netta**. Dall'imposta netta, se esistenti, occorre poi sottrarre i **crediti d'imposta**, le **ritenute** a titolo d'acconto, gli **acconti**.

In prima battuta, dopo aver calcolato i singoli redditi delle sei categorie previste nel Testo unico secondo le regole di determinazione proprie di ciascuna categoria, occorre effettuare la somma. Dal momento che il reddito di lavoro autonomo e quello d'impresa possono avere anche un risultato negativo, poiché nella determinazione di questi redditi è prevista una valorizzazione anche di spese e componenti negativi è più corretto parlare di somma algebrica.

1. La rilevanza delle perdite

La rilevanza delle perdite, nel tempo, è stata oggetto di modifiche legislative.

Nel caso di perdite derivanti da attività di lavoro autonomo queste andranno a diminuire il reddito lordo derivante dal possesso di redditi di altre categorie (cd compensazione orizzontale).

Al contrario se le **perdite** sono relative all'esercizio di **imprese commerciali**, o derivano da partecipazione in società di persone, è ammessa la compensazione **solo** con i redditi della medesima categoria. In questo caso le perdite potranno essere computate in diminuzione dal reddito d'impresa nei successivi periodi d'imposta (c.d. compensazione verticale) senza limitazione temporale ma con un tetto dell'80% di tali redditi di ogni esercizio. Tetto che non si applica al riporto delle perdite conseguite nei primi tre esercizi.

ESEMPIO 1A *Riporto delle perdite (compensazione orizzontale)*:

Mario Rossi possiede:

- 15.000,00 euro di **redditi fondiari**;
- 10.000,00 euro di **redditi di capitale**;
- 5.000,00 euro di **perdite** derivanti da **lavoro autonomo**.

Il suo reddito si determina sommando i redditi fondiari e quelli di capitali, e sottraendo la perdita derivante da lavoro autonomo:

15.000,00 + 10.000,00 – 5.000,00 = 20.000,00.

ESEMPIO 1B *Riporto delle perdite (compensazione verticale)*:

Alfio Bianchi, imprenditore individuale possiede:

- 150 euro **redditi fondiari**;
- 800 euro **reddito di partecipazione in snc**;
- 1.000 euro **perdite** derivanti **da impresa**.

a) Alfio Bianchi compensa la perdita con l'intero ammontare del reddito della S.n.c. (che viene dunque azzerato) e riporta a nuovo l'eccedenza di 200.

b) Alfio Bianchi dichiara dunque **un imponibile di 150** pari al reddito da fabbricati.

c) Nel secondo periodo d'imposta, immutati gli altri redditi, ha realizzato redditi d'impresa per 1.000 euro. In tale situazione potrà portare in diminuzione dal suo reddito d'impresa, la perdita (di 200) verificatasi l'anno precedente.

Il suo reddito lordo sarà dunque: 150 euro **redditi fondiari** + 800 euro **redditi da partecipazione in snc** + 800 euro **redditi impresa** (pari alla differenza tra i 1.000 **reddito d'impresa** – 200 **perdite d'impresa** esercizio precedente = 800), ossia 150 + 800 + 800 = 1.750

2. Progressività delle aliquote

L'Irpef è un'imposta progressiva, nel rispetto del principio costituzionale sancito al co. 2 dell'art. 53 Cost. e quindi l'aliquota cresce al crescere della base imponibile.

La progressività dell'Irpef è una progressività per **scaglioni**, con aliquote proporzionali all'interno dello stesso scaglione.

Attualmente esistono cinque scaglioni di reddito:

a) fino a 15.000 euro, 23%;
b) oltre 15.000 euro e fino a 28.000 euro, 27%;
c) oltre 28.000 euro e fino a 55.000 euro, 38%;
d) oltre 55.000 euro e fino a 75.000 euro, 41%;
e) oltre 75.000 euro, 43%.

ESEMPIO 1C *Applicazione scaglioni d'imposta*

Si consideri un reddito di 30.000 euro. Per determinare l'imposta da pagare occorre scomporre il reddito per applicare l'aliquota corrispondente:

□ i primi 15.000 euro devono essere sottoposti all'aliquota del 23%;
□ da 15.000 e fino a 28.000 euro occorre applicare l'aliquota del 27%;
□ gli ultimi 2.000 euro devono essere sottoposti ad aliquota del 38%.

15.000 □ 23% = 3.450
28.000 – 15.000 = 13.000 □ 27% = 3.510
2.000 □ 38% = 760

L'imposta dovuta sarà quindi pari a 7.720 euro (2.450 + 3.510 + 760).

3. Deduzioni e detrazioni

La caratteristica dell'Irpef quale imposta personale sui redditi si evidenzia, in modo peculiare, relativamente agli **oneri deducibili** e alle **detrazioni d'imposta**.

Il legislatore in questo modo permette al soggetto passivo di valorizzare spese personali non collegate alla produzione dei vari redditi; valorizzazione che comporta un minor onere tributario.

Dal punto di vista generale queste spese possono essere deducibili dal reddito o detraibili dall'imposta.

La scelta tra **deduzioni** o **detrazioni** non è neutra: la deduzione incide sul reddito complessivo lordo (la somma algebrica dei redditi) e a parità d'importo avvantaggia i possessori di redditi più elevati. La detrazione per oneri, invece, incide sull'imposta con una percentuale fissa (19% dell'importo dell'onere; art. 15 del t.u.i.r.) consentendo un risparmio quantitativamente uguale per tutti i contribuenti, ma non equivalente sotto il profilo qualitativo, dal momento che sarà maggiormente apprezzabile per chi è titolare di un reddito basso rispetto ad un contribuente con reddito elevato.

ESEMPIO 1D *Differenza deduzioni e detrazioni*

Un **onere deducibile** di 1.000 euro darà un risparmio di imposta di 230 euro a colui che ha un'aliquota marginale del 23%.

Per chi ha un'aliquota marginale del 43% il risparmio sarà di 430 euro.

Se invece si trattasse di una **detrazione d'imposta** l'importo della detrazione, pari a 190 (19% di 1.000) sarebbe uguale per tutti, ma avvantaggerebbe maggiormente coloro che hanno un'aliquota inferiore.

Le detrazioni d'imposta possono essere distinte in:

- detrazioni per oneri (art. 15 del t.u.i.r.);
- detrazioni per carichi di famiglia (art. 12 del t.u.i.r.);
- detrazioni collegate al tipo di reddito percepito (art. 13 del t.u.i.r.);
- detrazioni per canoni di locazione (art. 16 del t.u.i.r.);
- detrazione delle spese per interventi di recupero del patrimonio edilizio e di riqualificazione energetica degli edifici (art. 16 *bis* del t.u.i.r.).

Le **detrazioni per oneri**, tassativamente previste all'art. 15 prevedono una percentuale fissa di detrazione stabilita al 19% della spesa sostenuta. Prevedono talvolta limiti massimi (ad es. le spese funebri sono detraibili per importo non superiore a 1.549,37 euro), talvolta franchigie (le spese sanitarie sono detraibili per la parte che eccede 129,11 euro).

Le detrazioni per carichi di famiglia previsti per coniuge, figli ed eventualmente altri familiari a carico è prevista in somme che decrescono con l'aumentare del reddito.
Altre detrazioni sono previste, sempre in misura decrescente con l'aumentare del reddito, nel caso di possesso di alcune categorie di reddito (redditi di lavoro dipendente, da pensione, ecc.).
Le detrazioni per canoni di locazione, anche queste previste con un meccanismo che tiene in considerazione il reddito complessivo, sono previste per i soggetti titolari di contratti di locazione di unità immobiliari adibite ad abitazione principale, stipulati o rinnovati ai sensi della legge 9 dicembre 1998, n. 431.
All'art. 16 *bis*, infine è prevista la detrazione delle spese per interventi di recupero del patrimonio edilizio e di riqualificazione energetica degli edifici.

ESEMPIO 1E *Calcolo imposta netta*

Si ipotizzi la situazione di un **lavoratore dipendente** con un reddito annuo di 30.000 euro, sposato con coniuge a carico, che nel periodo d'imposta abbia sostenuto spese così distinte:

- 1.000 euro erogazione liberale per l'Istituto Centrale per il sostentamento del Clero della Chiesa Cattolica (**onere deducibile**);
- 2.000 euro per spese mediche (**onere detraibile** al 19% esclusa una franchigia di 129 euro);

Calcolo dell'Irpef dovuta:

30.000 (reddito lordo) – 1.000 (onere deducibile) = **29.000 (reddito netto)**

Applicazione dell'aliquota:

Aliquota Imposta dovuta sui redditi intermedi compresi negli scaglioni

□ fino a 15.000,00 euro = 23% sull'intero importo;
(23% di 15.000,00 = 3.450,00 euro);
□ oltre 15.000,00 euro e fino a 28.000,00 = 27% su parte eccedente 15.000,00;
(27% su parte eccedente 15.000,00 euro + 3.450,00 euro);
□ oltre 28.000,00 euro e fino a 55.000,00 = 38% su parte eccedente 28.000,00;
(38% su parte eccedente 28.000,00 + 6.960,00 euro);
□ oltre 55.000,00 euro e fino a 75.000,00 = 41% su parte eccedente 55.000,00;
(41% su parte eccedente 55.000,00 + 17.220,00 euro);
□ oltre 75.000,00 euro = 43% su parte eccedente 75.000,00
(43% su parte eccedente 75.000,00 + 25.420,00 euro).

Scomponendo dunque il reddito netto di 29.000 (15.000, 13.000, 1.000), e applicando le aliquote corrispondenti agli scaglioni si ottiene l'imposta lorda:

15.000 □ 23% = 3.450
28.000 – 15.000 = 13.000 □ 27% = 3.510
1.000 □ 38% = 380
Imposta lorda = 7.340,00 euro (imposta lorda)

A questo punto si deve calcolare e diminuire l'imposta lorda delle detrazioni spettanti.

La prima è quella prevista per il coniuge a carico prevista decrescente con l'aumentare del reddito. Nel nostro esempio spetta una detrazione di 690 euro.

7.340 – 690 (detrazione per coniuge a carico) = 6.650 **(imposta al netto della detrazione per coniuge a carico)**.

La seconda detrazione è quella relativa al lavoro dipendente; anche questa è decrescente all'aumentare del reddito di lavoro. Il calcolo è sintetizzato nella tabella seguente:

Detrazione lavoro dipendente

Reddito di lavoro dipendente superiore ad euro 28.000 e fino ad euro 55.000
Per determinare l'ammontare della detrazione effettivamente spettante calcolare:

1) Quoziente = $\frac{55.000 - \textit{Reddito netto}}{27.000}$

2) Detrazione spettante = 978 (importo predeterminato per legge) □ Quoziente

Da cui ne deriva:

$$\frac{55.000 - 29.000 \text{ (reddito netto)}}{27.000} = 0{,}96 \text{ (quoziente)}$$

E quindi:

□ 978,00 □ 0,96 = 938,88 (detrazione per lavoro dipendente spettante)
□ 6.650 – 938,88 = 5.711,12 **(imposta al netto della detrazione per lavoro dipendente)**
□ Detrazioni per spese mediche (il 19% dell'ammontare ridotto di 129 euro)
□ 2.000 – 129 (franchigia) = 1.871 □ 19% = 355,49 **(detrazione per spese mediche)**
□ 5.711,12 – 355,49 = **5355,63 (imposta netta)**

APPROFONDIMENTI

Dottrina

FORTE, *Deduzioni e detrazioni: le erogazioni liberali effettuate dalle persone fisiche*, in *Corr. trib.*, 2006, 22, 1716.

ZIZZO, *Profili di incostituzionalità del regime dell'utilizzo delle perdite nelle imposte sul reddito*, in *Corr. trib.*, 2007, 24, 1987.

PASTORINO, *Contributi previdenziali ed assistenziali dei professionisti: oneri o costi?*, in *Dir. prat. trib.*, 2009, 5, 1015.

PACE, *La deducibilità dell'assegno di divorzio*, in *Corr. trib.*, 2009, 32, 2619.

PERRONE, *Le perdite nell'imposta sul reddito delle persone fisiche*, in *Rass. trib.*, 2012, 5, 1163.

GAIANI, *Il nuovo regime delle perdite delle imprese IRPEF*, in *Il Fisco*, 2019, 6, 512.

Giurisprudenza

Cass., Sez. trib., 2 giugno 2009, n. 15161: "*In tema di imposte sui redditi, la regola secondo cui le perdite di società in accomandita semplice eccedenti l'ammontare del capitale sociale vanno sottratte, per questa parte, dal reddito dei soli soci accomandatari in proporzione della loro quota di partecipazione alla società (art. 8, co. 2, del d.p.r. 22 dicembre 1986, n. 917), si estende anche ai soci accomandanti i quali si siano ingeriti non occasionalmente nella gestione sociale, poiché, in tal caso, essi perdono la limitazione di responsabilità, e sono quindi chiamati a rispondere delle perdite oltre il valore della quota sociale di cui sono titolari*".

Cass. civ., Sez. V, 18 giugno 2010, n. 14707 (**il testo è riportato nella sezione "CASI"**): "*Ai sensi dell'art. 12, co. 1, lett. b), del t.u.i.r. – (applicabile* ratione temporis*), in caso di separazione legale ed effettiva o di annullamento, scioglimento o cessazione degli effetti civili del matrimonio, in mancanza di diverso accordo fra i coniugi, deve riconoscersi per intero la detrazione del figlio al genitore affidatario*".

Cass. civ., Sez. VI-5, 28 giugno 2012, n. 11022 "*Costituisce* ius receptum *nella giurisprudenza di legittimità il principio giusta il quale la deducibilità dell'assegno al coniuge separato e divorziato è accordata soltanto alle corresponsioni periodiche e non a quella effettuata in unica soluzione*".

Prassi

Circ. Ag. Entr., 1° giugno 2012, n. 19/E (*Chiarimenti in tema detrazioni per spese sanitarie, carichi di famiglia e altre deduzioni e detrazioni*).

Circ. Ag. Entr., 11 luglio 2014 n. 22/E (*Riduzione del cuneo fiscale per lavoratori dipendenti e assimilati*).

Ris. Ag. Entr., 3 dicembre 2014, n. 107/E (*Contributi assistenziali versati al Fondo*).

Circ. Ag. Entr., 24 aprile 2015 n. 17/E (*Questioni interpretative in materia di IRPEF prospettate dal Coordinamento Nazionale dei Centri di Assistenza Fiscale e da altri soggetti*).

Circ. Ag. Entr., 10 aprile 2019, n. 8/E (*Commento alle novità fiscali. Legge 30 dicembre 2018, n. 145 – "Bilancio di previsione dello Stato per l'anno finanziario 2019 e bilancio pluriennale per il triennio 2019-2021" (Legge di bilancio 2019). Primi chiarimenti e risposte a quesiti posti in occasione di eventi in videoconferenza organizzati dalla stampa specializzata*) (**il testo è riportato nella sezione "CASI"**).

Casi e Materiali

Per i documenti concernenti i *Casi* ed i *Materiali*, si rinvia ai contenuti telematici inseriti nella parte on line del Volume (§ 1 dei *Casi*; §§ 17 e 18 dei *Materiali*).

2. TASSAZIONE SEPARATA

Sommario: 1. Premessa. – 2. La tassazione separata delle plusvalenze da cessione di azienda. – 3. La tassazione separata del t.f.r.

1. Premessa

Come già visto nel precedente capitolo, il reddito complessivo delle persone fisiche, che raccoglie tutti i redditi posseduti dal contribuente nell'anno, viene suddiviso in scaglioni per poter attuare la progressività dell'imposizione.

In questo sistema, con l'espressione "tassazione separata" si fa riferimento a quei redditi (siano essi di lavoro subordinato, diversi, ecc.) che **non concorrono alla formazione del reddito complessivo** in quanto tassati con un'aliquota determinata secondo speciali regole.

I redditi soggetti a questo speciale regime sono elencati nell'art. 17 del t.u.i.r., cui vanno aggiunti i redditi percepiti dagli eredi e dai legatari per beni o attività del defunto (art. 7, co. 3). Tra le fattispecie elencate nell'art. 17 possono essere ricordate, a titolo meramente esemplificativo, il trattamento di fine rapporto (t.f.r.) e le plusvalenze realizzate mediante cessione a titolo oneroso di aziende possedute da più di 5 anni.

Tali redditi sono esclusi dal computo del reddito complessivo in quanto **redditi a formazione pluriennale** per i quali l'applicazione delle regole ordinarie condurrebbe ad un iniquo aggravio di imposta in ragione della unitaria percezione in un dato periodo d'imposta, con la conseguenziale irragionevole applicazione della più alta aliquota derivante dal principio di progressività.

La tassazione separata, in altri termini, consente di adeguare l'imposizione a situazioni reddituali che esprimono una minore capacità contributiva rispetto a quella che deriverebbe dalla pedissequa applicazione degli scaglioni in tutte le ipotesi in cui non vi è coincidenza tra il momento della produzione del reddito (trattandosi di reddito a formazione pluriennale) e il periodo d'imposta in cui esso diviene imponibile.

Non si tratta, dunque, di un'agevolazione riconosciuta a particolari redditi ma di un criterio di ordine generale per **rapportare la tassazione dei redditi a formazione pluriennale alle normali aliquote**.

Per questa ragione, nonostante sia diffuso il convincimento secondo il quale l'elencazione contenuta nell'art. 17 del t.u.i.r. sia tassativa e, pertanto, la disciplina sulla tassazione separata non sia estendibile in via analogica ad altre fattispecie, trattandosi di una disciplina speciale, autorevole dottrina ha rilevato come la *ratio* di ordine generale che ispira tale normativa e che costituisce applicazione del principio costituzionale di capacità contributiva, legittimerebbe l'estensione di tale disciplina anche a fattispecie non ricomprese in detto articolo, laddove la capacità contributiva imponesse una deroga alla progressività per scaglioni.

Certo è che la tassazione separata trova giustificazione in un tributo come l'Irpef, mentre non avrebbe alcuna ragion d'essere in ambito Ires, avendo quest'ultima una sola aliquota proporzionale.

Nonostante la *ratio* che giustifica una disciplina speciale sia comune a tutte le fattispecie, le modalità tecniche di tassazione variano da fattispecie a fattispecie.

Così, mentre l'art. 17 del t.u.i.r., disciplina analiticamente il metodo di applicazione dell'imposta al t.f.r., l'art. 21 individua in via residuale i criteri di determinazione dell'imposta applicabile ai redditi soggetti a tassazione separata, salvo poi contenere ulteriori previsioni speciali per talune categorie di redditi soggetti a tassazione separata.

Le successive esemplificazioni non hanno, dunque, portata generale, ma individuano il trattamento fiscale applicabile, tendenzialmente, alle sole fattispecie indicate.

2. La tassazione separata delle plusvalenze da cessione di azienda

L'ordinamento prevede **diverse forme di tassazione delle plusvalenze** derivanti dalla cessione di azienda.

Secondo la disciplina ordinaria contenuta nell'art. 86, co. 4, t.u.i.r., la plusvalenza concorre per intero alla formazione del reddito d'impresa nell'esercizio in cui viene realizzata (c.d. tassazione ordinaria). La stessa può altresì concorrere integralmente alla formazione dei redditi diversi quando realizzata da un contribuente che non esercita attività d'impresa (v. art. 67, co. 1, lett. h) e h *bis*), t.u.i.r.). Lo stesso art. 86 del t.u.i.r., prevede inoltre che la plusvalenza possa essere rateizzata in 5 anni (c.d. tassazione differita – cfr. *infra*, capitolo 4).

Nel caso in cui l'azienda sia stata posseduta dall'imprenditore individuale cedente da più di cinque anni, la plusvalenza, comprensiva del valore dell'avviamento, realizzata a seguito di cessione a titolo oneroso può essere tassata separatamente (c.d. tassazione separata). Ciò è possibile se (i) si tratta di azienda posseduta da più di 5 anni, (ii) la plusvalenza è realizzata da un imprenditore individuale (iii) il contribuente ne fa richiesta nella dichiarazione dei redditi.

In caso di tassazione separata, l'imposta è determinata applicando alla plusvalenza l'aliquota corrispondente alla metà del reddito complessivo netto del contribuente nel biennio anteriore all'anno in cui la plusvalenza è stata conseguita.

Se in uno dei due anni non vi è stato reddito imponibile si applica l'aliquota corrispondente alla metà del reddito complessivo netto dell'altro anno; se non vi è stato reddito imponibile in alcuno dei due anni si applica l'aliquota prevista per il primo scaglio di reddito (23%).

ESEMPIO 2A *Tassazione separata della plusvalenza da cessione di azienda. Confronto con la tassazione ordinaria*

Caio, imprenditore individuale, nel 2015 decide di cedere a titolo oneroso la propria azienda posseduta dal 2000. I dati noti sono i seguenti:

Plusvalenza 2015	150.000 euro
Reddito di Caio 2013	37.000 euro
Reddito di Caio 2014	31.000 euro
Reddito di Caio 2015 (al netto della plusvalenza)	17.000 euro

IPOTESI 1. Tassazione ordinaria

Se il contribuente optasse per la tassazione ordinaria, il reddito complessivo sarebbe:

17.000 euro + 150.000 euro = **167.000 euro**

L'imposta complessivamente dovuta sarebbe pertanto la seguente:

Scaglione	Aliquota	Imposta
Da 0 a 15.000 euro	23%	3.450 euro
Da 15.001 a 28.000 euro	27%	3.510 euro
Da 28.001 a 55.000 euro	38%	10.260 euro
Da 55.001 a 75.000 euro	41%	8.200 euro
Da 75.000 a 167.000 euro	43%	39.560 euro
Totale		**64.980 euro**

Può a questo punto risultare utile comprendere quale sia la tassazione gravante sulla sola plusvalenza, in caso di tassazione ordinaria. Nella tabella che segue, dunque, non verrà sommata l'imposta riconducibile al reddito di euro 17.000, ma solo quella riconducibile alla plusvalenza.

Scaglione	Quota plusvalenza	Aliquota	Imposta su plusvalenza	Imposta
Da 0 a 15.000 euro	–	23%	–	3.450 euro
Da 15.001 a 28.000 euro	Da 17.001 a 28.000 euro	27%	2.970 euro	3.510 euro
Da 28.001 a 55.000 euro	Da 28.001 a 55.000 euro	38%	10.260 euro	10.260 euro
Da 55.001 a 75.000 euro	Da 55.001 a 75.000 euro	41%	8.200 euro	8.200 euro
Da 75.000 a 167.000 euro	Da 75.000 a 167.000 euro	43%	39.560 euro	39.560 euro
Totale			**60.990 euro**	64.980 euro

Secondo il regime ordinario, l'imposta dovuta sulla plusvalenza sarebbe pari a 60.990 euro. Il medesimo risultato poteva essere raggiunto sottraendo dall'imposta complessiva dovuta (64.980 euro) l'imposta dovuta sui 17.000 euro (3.450 euro sul primo scaglione + 540 euro sul secondo scaglione = 3.990 euro). Anche per tale via l'imposta dovuta sulla sola plusvalenza sarebbe risultata uguale a:

64.980 euro – 3.990 euro = **60.990 euro**

Può dunque determinarsi l'aliquota media gravante sulla plusvalenza, in caso di tassazione ordinaria:

X : 100 = 60.990 euro : 150.000 euro

$$X = \frac{60.990 \text{ euro} \times 100}{150.000 \text{ euro}} = 40,66$$

L'aliquota media applicata alla plusvalenza sarebbe pari a **40,66%**.

IPOTESI 2. Tassazione separata

Poiché sussistono tutti i requisiti di legge, è possibile per Caio valutare l'opzione per la tassazione separata.

L'imposta è determinata applicando alla plusvalenza l'aliquota corrispondente alla metà del reddito complessivo netto del contribuente nel biennio anteriore all'anno in cui la plusvalenza è stata conseguita. Tale procedimento richiede di determinare:

1. il reddito medio del biennio precedente;
2. l'imposta astrattamente dovuta sul reddito medio del biennio precedente;
3. l'incidenza sul reddito medio dell'imposta astrattamente dovuta;
4. l'imposta effettivamente dovuta applicando l'incidenza media alla plusvalenza.

2.1. Determinazione del reddito medio del biennio precedente

Si sommano tra loro i redditi dichiarati nei due anni precedenti. La somma viene poi divisa per 2, per determinare il reddito medio annuo:

$$\text{Reddito medio} = \frac{37.000 + 31.000}{2} = 34.000 \text{ euro}$$

2.2. Determinazione dell'imposta astrattamente dovuta sul reddito medio del biennio precedente

Su tale reddito medio figurativo risulterebbe dovuta (astrattamente) la seguente imposta

Scaglione	Aliquota	Imposta
Da 0 a 15.000 euro	23%	3.450 euro
Da 15.001 e 28.000 euro	27%	3.150 euro
Da 28.001 a 34.000 euro	38%	2.280 euro
Totale		**8.880 euro**

2.3. Determinazione dell'incidenza sul reddito medio dell'imposta astrattamente dovuta

L'imposta figurativa di 8.800 euro dovuta, astrattamente, sul reddito medio di 34.000 euro, corrisponde alla seguente percentuale:

$$X : 100 = 8.800 : 34.000$$

$$X = \frac{8.880 \times 100}{34.000} = 26{,}12$$

L'incidenza media e, dunque, l'aliquota da applicare alla plusvalenza secondo il regime della tassazione separata è pari a **26,12%**.

Risultando maggiormente conveniente per Caio applicare l'aliquota risultante dal meccanismo della tassazione separata, il contribuente opta per tale tipo di imposizione e determina l'imposta dovuta.

2.4. Determinazione dell'imposta effettivamente dovuta applicando l'incidenza media alla plusvalenza

L'imposta dovuta sulla plusvalenza di 150.000 euro risulta dunque la seguente:

150.000 × 26,12% = **39.180 euro**

3. La tassazione separata del t.f.r.

Il t.f.r. (trattamento di fine rapporto) è disciplinato dalla legge 29 maggio 1982, n. 297 e costituisce una somma di denaro corrisposta al lavoratore alla cessazione del suo rapporto di lavoro conformemente a quanto previsto dagli artt. 2120 e 2121 c.c. Tale somma viene calcolata dividendo la retribuzione annua dovuta per 13,5 (e corrisponde, con ampia approssimazione, a circa una mensilità) cui si aggiunge la rivalutazione delle somme accantonate negli anni precedenti.

Trattandosi di reddito maturato negli anni ma percepito dal contribuente *una tantum* alla cessazione del rapporto di lavoro, esso viene assoggettato a tassazione separata.

A ben vedere, in realtà, non tutto il t.f.r. è soggetto a tassazione separata: dal gennaio del 2001, infatti, la rivalutazione del t.f.r. maturato negli anni precedenti viene assoggettata annualmente a imposta sostitutiva (aliquota 11%) e, pertanto, è esclusa dalla tassazione separata. È altresì esclusa da tassazione separata (ma per ragioni diverse e, segnatamente, per motivi di equità verticale) anche la quota di t.f.r. che eccede l'importo di 1 milione di euro, laddove il t.f.r. spettante al lavoratore ecceda tale somma. Salve tali eccezioni il t.f.r. è soggetto a tassazione separata nell'anno in cui viene percepito.

Quanto alla liquidazione e riscossione dell'imposta, l'art. 19 del t.u.i.r. stabilisce che gli uffici finanziari provvedono a riliquidare l'imposta, iscrivendo a ruolo le maggiori imposte dovute ovvero rimborsando quelle spettanti; il rimborso avviene in via automatica e senza alcuna apposita istanza del contribuente (cfr. approfondimenti – giurisprudenza).

Lo stesso art. 19 cit. detta anche le modalità di tassazione del t.f.r., che possono essere suddivise in tre fasi:

1. Determinazione del reddito di riferimento: per individuare l'aliquota da applicare al t.f.r. occorre prima determinare un reddito figurativo annuo, che viene successivamente utilizzato come reddito di riferimento per determinare l'aliquota media della tassazione. Per determinare il reddito di riferimento occorre dividere il t.f.r. maturato (prima del 31 dicembre 2000, al lordo della rivalutazione e dopo il 01 gennaio 2001, al netto della rivalutazione) per gli anni di maturazione. Si ottiene così un valore che indica, approssimativamente, il t.f.r. maturato in ciascun anno. Poiché il t.f.r. – lo si rammenta – corrisponde a circa una mensilità, tale valore viene moltiplicato per 12. È così possibile ottenere un reddito figurativo annuo.

$$\frac{(\text{t.f.r. ante 2001 lordo rivalutazione} + \text{t.f.r. post 2001 netto rivalutazione})}{\text{Anni di maturazione}} \times 12$$

2. Determinazione dell'aliquota media: per determinare l'aliquota media da applicare al t.f.r. occorre calcolare l'Irpef astrattamente dovuta sul reddito di riferimento calcolato nella fase precedente. Occorre fare riferimento agli scaglioni ed alle aliquote in vigore nell'anno in cui sorge il diritto alla percezione del t.f.r. L'aliquota media da applicare al t.f.r. è, quindi, pari all'incidenza dell'Irpef figurativa sul reddito di riferimento.

Aliquota media : 100 = Irpef reddito di riferimento : reddito di riferimento

$$\text{Aliquota media} = \frac{\text{Irpef reddito di riferimento}}{\text{Reddito di riferimento}} \times 100$$

3. Determinazione dell'imposta dovuta: la determinazione dell'imposta, giova precisarlo, prevede un calcolo che include diverse riduzioni e detrazioni previste in funzione della durata e della tipologia del rapporto di lavoro, delle condizioni personali del lavoratore, ecc. In questa sede, per semplicità, non verranno considerati tali variabili. La determinazione dell'imposta si effettua, dunque, applicando l'aliquota media al t.f.r. maturato prima e dopo il 31 dicembre 2000, rispettivamente al lordo e al netto della rivalutazione

Irpef dovuta: t.f.r. maturato × aliquota media

ESEMPIO 2B *Tassazione separata del t.f.r.*

Tizio, lavoratore dipendente da 20 anni della società Alfa SpA, cessa il suo rapporto di lavoro nel 2015. Il t.f.r. viene corrisposto nello stesso anno. I dati noti sono i seguenti:

t.f.r. maturato prima del 31 dicembre 2000 al lordo della rivalutazione	7.000 euro
t.f.r. maturato dopo il 1° gennaio 2001 al netto della rivalutazione	33.000 euro

1. Determinazione del reddito di riferimento

Per determinare il reddito di riferimento si divide il t.f.r. complessivamente maturato per gli anni di maturazione e il quoziente viene moltiplicato per 12:

$$\text{Reddito di riferimento} = \frac{(7.000 \text{ euro} + 33.000 \text{ euro})}{20} \times 12 = \mathbf{24.000 \text{ euro}}$$

2. Determinazione dell'aliquota media

Il reddito di riferimento consente di determinare l'Irpef astrattamente dovuta su tale importo:

Scaglione	Aliquota	Imposta
Da 0 a 15.000 euro	23%	3.450 euro
Da 15.001 e 24.000 euro	27%	2.430 euro
Totale		**5.880 euro**

L'incidenza dell'imposta figurativa sul reddito di riferimento individua l'aliquota media per la determinazione dell'imposta dovuta sul t.f.r.

Aliquota media: 100 = 5.880 euro : 24.000 euro

$$\text{Aliquota media} = \frac{5.880 \text{ euro}}{24.000 \text{ euro}} \times 100 = 24{,}50$$

L'aliquota media è del **24,50%**.

3. Determinazione dell'imposta dovuta

Applicando l'aliquota media al t.f.r. maturato si ottiene l'imposta dovuta secondo il meccanismo della tassazione separata.

L'imposta dovuta sul t.f.r. è dunque la seguente

(7.000 euro + 33.000 euro) × 24,50% = **9.800 euro**

APPROFONDIMENTI

Dottrina

PERRONE CAPANO, *Tassazione separata dei redditi*, in *Enc. giur. Treccani*, 1993, 30, 1 ss.
FRANZONI, *La tassazione separata dei redditi delle imprese individuali e delle società di persone*, in *Rass. trib.*, 2008, 326 ss.
PROTO, *Tassazione separata e lavoro autonomo*, in *Rass. trib.*, 2009, 935 ss.

Giurisprudenza

Cass., Sez. VI, 10 dicembre 2020, n. 28116, in *ipsoa.it*: "*In tema di imposizione tributaria sui redditi di lavoro dipendente e assimilati, categoria nella quale s'inscrivono, per effetto dell'art. 50, comma 1, lett. f) del D.P.R. 22 dicembre 1986 n. 917, i compensi dei giudici tributari, non sono ricompresi tra i redditi arretrati, assoggettabili a tassazione separata, ai sensi dell'art. 17 del D.P.R. 22 dicembre 1986 n. 917, gli emolumenti per i quali il ritardo nella loro corresponsione, nell'anno successivo a quello di riferimento, sia fisiologico rispetto alla natura del rapporto dal quale derivano, e cioè sia la necessaria conseguenza di particolari procedure per la loro quantificazione e liquidazione*".

Cass., Sez. trib., 16 luglio 2020, n. 15187, in *ipsoa.it* (**il testo è riportato nella sezione on line, CASI**): "*In materia di imposta sui redditi, come risulta dal tenore del D.P.R. n. 22 dicembre 1986, n. 917, art. 81, comma 1, lett. b) (ora art. 67) e art. 16 (ora art. 17), comma 1, lett. g-bis), sono soggette a tassazione separata, quali 'redditi diversi', le plusvalenze realizzate a seguito di cessioni a titolo oneroso di terreni suscettibili di utilizzazione edificatoria secondo gli strumenti urbanistici vigenti al momento della cessione, e non anche di terreni sui quali insiste un fabbricato e quindi, già edificati. Ciò vale anche qualora l'alienante abbia presentato domanda di concessione edilizia per la demolizione e ricostruzione dell'immobile e, successivamente alla compravendita, l'acquirente abbia richiesto la voltura nominativa dell'istanza, in quanto la 'ratio' ispiratrice del citato D.P.R. n. 917 del 1986, art. 81 tende ad assoggettare ad imposizione la plusvalenza che trovi origine non da un'attività produttiva del proprietario o possessore ma dall'avvenuta destinazione edificatoria del terreno in sede di pianificazione urbanistica*".

CTR Lombardia Milano, Sez. XXI, 22 giugno 2020, n. 1193, in *ipsoa.it*: "*I compensi per le ferie non godute hanno natura retributiva e quindi sono soggetti a tassazione Irpef. Inoltre, qualora il pagamento dell'indennità per ferie non godute venga effettuato all'atto della cessazione del rapporto di lavoro e sia costituito da una somma di denaro corrisposta in sostituzione del periodo di congedo non fruito, relativo a quello di cessazione dal servizio, alla predetta somma si deve applicare il regime di tassazione separata, per gli emolumenti arretrati, ai sensi dell'art. 17, comma 1, lettera b), del TUIR. Se il pagamento di detta indennità è effettuato nello stesso anno in cui il dipendente per qualsiasi causa cessa il rapporto di lavoro, senza avere fruito del periodo di congedo ordinario relativo all'anno in corso, l'indennità in questione si cumula con le retribuzioni erogate nello stesso anno e concorre alla formazione del reddito imponibile complessivo del dipendente*".

Cass., Sez. trib., 16 marzo 2020, n. 7291 in *ipsoa.it: "In tema di riscossione delle imposte, nell'ipotesi di controlli automatizzati ai sensi dell'art. 36-bis del D.P.R. n. 600/1973, per redditi soggetti a tassazione separata, l'Ufficio è tenuto a comunicare preventivamente al contribuente, mediante raccomandata con avviso di ricevimento, l'esito dell'attività di liquidazione, altrimenti il provvedimento di iscrizione a ruolo è nullo. Trattasi infatti di ipotesi nelle quali l'imposta non è autoliquidata dal contribuente medesimo, sicché la preventiva comunicazione diventa elemento indispensabile per la quantificazione del debito d'imposta.".*

CTR Sardegna Cagliari, Sez. IV, 21 febbraio 2020, n. 59, in *ipsoa.it*: "*In tema di riscossione delle imposte, nell'ipotesi di controlli automatizzati ai sensi dell'art. 36-bis del D.P.R. n. 600/1973, per redditi soggetti a tassazione separata, l'Ufficio è tenuto a comunicare preventivamente al contribuente, mediante raccomandata con avviso di ricevimento, l'esito dell'attività di liquidazione, altrimenti il provvedimento di iscrizione a ruolo è nullo. Trattasi infatti di ipotesi nelle quali l'imposta non è autoliquidata dal contribuente medesimo, sicché la preventiva comunicazione diventa elemento indispensabile per la quantificazione del debito d'imposta.*".

Prassi

Risp. Ag. Entr., 17 settembre 2020, n. 367/E, in *www.agenziaentrate.it* (Regime fiscale somme erogate "*una tantum*" per compensare il periodo di *vacatio* contrattuale. Tassazione separata. Art. 17, co. 1, lett. b), t.u.i.r. – **il testo è riportato nella sezione on line, CASI**).

Risp. Ag. Entr., 10 giugno 2020, n. 177/E, in *www.agenziaentrate.it* (Tassazione separata – art. 17, co. 1, lett. b), del Testo unico delle imposte sui redditi, approvato con d.p.r. 22 dicembre 1986, n. 917).

Ris. Ag. Entr., 13 dicembre 2017, n. 151/E, in *www.agenziaentrate.it* (Tassazione separata – art. 51, co. 1, e art. 17, co. 1, lett. b), del d.p.r. n. 917/1986).

Circ. Ag. Entr., 28 febbraio 2012, n. 3, in *www.agenziaentrate.it* (*Articolo 24, comma 31, del decreto-legge 6 dicembre 2011 n. 201, convertito, con modificazioni, dalla legge 22 dicembre 2011, n. 214 – Indennità di fine rapporto*).

Circ. Ag. Entr., 6 giugno 2005, n. 30, in *www.agenziaentrate.it* (*Comunicazione al contribuente degli esiti della liquidazione automatizzata dell'imposta dovuta sui redditi soggetti a tassazione separata*).

Casi e Materiali

Per i documenti concernenti i *Casi* ed i *Materiali*, si rinvia ai contenuti telematici inseriti nella parte on line del Volume (§ 2 dei *Casi*; §§ 10, 16 e 20 dei *Materiali*).

3. REDDITO AGRARIO E REDDITO DI IMPRESA

Sommario: Premessa. – 1. I redditi derivanti da attività dirette alla coltivazione del terreno e alla silvicoltura. – 2. I redditi derivanti dall'allevamento di animali. – 3. I redditi derivanti da attività dirette alla produzione di vegetali tramite l'utilizzo di strutture fisse o mobili. – 4. I redditi derivanti da attività connesse a quelle agricole.

Premessa

Ai sensi dell'art. 25 del t.u.i.r. "sono redditi fondiari quelli inerenti ai terreni e ai fabbricati situati nel territorio dello Stato che sono o devono essere iscritti, con attribuzione di rendita, nel catasto dei terreni o nel catasto edilizio urbano".

A differenza delle altre categorie di reddito, i **redditi fondiari** non tassano il reddito effettivo, bensì il reddito derivante dalle risultanze catastali, cosicché viene assoggettato ad imposizione il **reddito medio ordinario** ritraibile, in condizioni normali, dai terreni e dai fabbricati appartenenti alla medesima categoria e classe.

I redditi fondiari si distinguono in reddito **dominicale**, reddito **agrario** e reddito dei **fabbricati**, laddove i primi due sono inerenti ai terreni, mentre il terzo ai fabbricati.

Per quanto riguarda in particolare il reddito dominicale e il reddito agrario, mentre il primo origina dal solo possesso, a titolo di proprietà o altro diritto reale di godimento, di terreni atti alla produzione agricola, il reddito agrario è costituito dalla parte del reddito fondiario del terreno attribuita al capitale di esercizio e all'attività imprenditoriale impiegata nelle attività agricole.

Precisamente, l'art. 32 del t.u.i.r. definisce il **reddito agrario** come quello "costituito dalla parte del reddito medio ordinario dei terreni imputabile al capitale d'esercizio e al lavoro di organizzazione impiegati, nei limiti della potenzialità del terreno, nell'esercizio di attività agricole su di esso", precisando, al co. 2, che sono considerate attività agricole:

a) le attività dirette alla **coltivazione** del **terreno** (sono comprese in tale definizione anche le coltivazioni in serra e, entro certi limiti, la funghicoltura) e alla silvicoltura;

b) l'**allevamento** di **animali** con mangimi ottenibili per almeno un quarto dal terreno e le attività dirette alla **produzione** di **vegetali** tramite l'utilizzo di strutture fisse o mobili, anche provvisorie, se la superficie adibita alla produzione non eccede il doppio di quella del terreno su cui la produzione stessa insiste;

c) le **attività** di cui al **terzo comma** dell'**art. 2135** c.c., dirette alla manipolazione, conservazione, trasformazione, commercializzazione e valorizzazione, ancorché non svolte sul terreno, di prodotti ottenuti prevalentemente dalla coltivazione del fondo o del bosco o dall'allevamento di animali, con riferimento ai beni individuati, ogni due anni con decreto del Ministro dell'economia e delle finanze su proposta del Ministro delle politiche agricole e forestali.

Secondo questa definizione, quindi, soltanto le attività di pura coltivazione (art. 32, co. 2, lett. a), t.u.i.r.) sono sempre produttive di reddito agrario, mentre per le altre attività (art. 32, co. 2, lett. b) e c), t.u.i.r.) sono posti specifici limiti quantitativi, al superamento dei quali l'attività esercita dall'imprenditore è considerata commerciale e quindi produttiva di reddito di impresa.

Per dichiarare i **redditi agrari** deve essere utilizzato il **quadro RA** della dichiarazione dei redditi Persone Fisiche, Società di Persone e Enti non commerciali.

Per i redditi derivanti dall'attività di **allevamento** di **animali** e/o di quelle dirette alla **produzione** di **vegetali eccedenti i limiti** di cui all'art. 32, co. 2, lett. b), t.u.i.r., deve essere, invece, utilizzato il **Quadro RD** della dichiarazione dei redditi Persone Fisiche, Società di Persone e Enti non commerciali, qualora detti redditi siano determinati, rispettivamente, ai sensi dell'art. 56, co. 5 e dell'art. 56 *bis*, co. 1, t.u.i.r. Il quadro RD deve essere utilizzato anche per la dichiarazione delle **attività agricole connesse** ai sensi dell'art. **56 *bis*, co. 2 e 3, t.u.i.r.**

In particolare, per dichiarare il **reddito** derivante dall'**allevamento** di **animali** deve essere utilizzata la **Sezione I** del **Quadro RD**, mentre per il **reddito** derivante dalle **attività** di **produzione** di **vegetali** deve essere compilata la **Sezione II** del **quadro RD.** Infine, i **redditi** derivanti dalle **attività agricole connesse** sono dichiarati nella **Sezione III** del **quadro RD.**

Qualora il contribuente decida di **non avvalersi** dei citati **regimi forfettari** dovrà, invece, compilare i quadri **RF** o **RG**, seguendo le disposizioni relative al reddito di impresa.

1. I redditi derivanti da attività dirette alla coltivazione del terreno e alla silvicoltura

Ai sensi dell'art. 32 del t.u.i.r. sono considerate attività agricole, e quindi produttive di reddito agrario, le attività dirette alla **coltivazione** del **terreno** e alla **silvicoltura**.

Secondo il disposto dell'art. 34 del t.u.i.r. il reddito agrario è determinato mediante l'applicazione delle **tariffe d'estimo** stabilite per ciascuna qualità e classe secondo le norme della legge catastale. Ai sensi dell'art. 3, co. 50, legge 23 dicembre 1996, n. 662, il reddito così calcolato deve essere rivalutato del 70% e aumentato di un ulteriore 30%, fatti salvi alcuni casi (art. 1, co. 512, legge n. 228/2012, come modificato dall'art. 1, co. 909, legge n. 208/2015).

ESEMPIO 3A *Calcolo del reddito agrario*

Si ipotizzi un imprenditore proprietario di un terreno il cui reddito agrario, determinato mediante l'applicazione delle tariffe d'estimo stabilite per ciascuna qualità e classe secondo le norme della legge catastale, sia pari a euro 10.

Determinazione reddito agrario

Reddito agrario dei terreni risultante dal catasto	10	+
Rivalutazione del 70% (10 × 70/100)	7	+
Ulteriore rivalutazione del 30% (17 × 30/100)	5,10	=
REDDITO IMPONIBILE	**€ 22,10**	

2. I redditi derivanti dall'allevamento di animali

Ai sensi dell'art. 32, co. 2, lett. b), 1ª parte, t.u.i.r., sono considerate attività agricole, e quindi produttive di reddito agrario, l'**allevamento di animali con mangimi ottenibili per almeno un quarto dal terreno**. In questa ipotesi il **reddito di allevamento** è determinato ai sensi dell'**art. 34 del t.u.i.r.**, ovvero attraverso l'applicazione delle tariffe d'estimo stabilite per ciascuna qualità e classe secondo le norme della legge catastale (v. ESEMPIO 3A).

Al **superamento** del **limite** previsto dall'art. 32, co. 2, lett. b), t.u.i.r., il reddito relativo ai **capi eccedenti** concorre a formare il **reddito d'impresa** secondo un **metodo forfettario** disciplinato dall'art. 56, co. 5, t.u.i.r. il quale prevede che "nei confronti dei soggetti che esercitano attività di allevamento di animali oltre il limite di cui alla lettera b) del comma 2 dell'articolo 32 (t.u.i.r.) il reddito relativo alla parte eccedente concorre a formare il reddito d'impresa nell'ammontare determinato attribuendo a ciascun capo un reddito pari al **valore medio** del reddito agrario riferibile a ciascun capo allevato entro il limite medesimo, moltiplicato per un **coefficiente** idoneo a tener conto delle diverse incidenze dei costi. Le relative spese e gli altri componenti negativi non sono ammessi in deduzione. Il valore medio e il coefficiente di cui al primo periodo sono stabiliti ogni due anni con decreto del Ministro dell'economia e delle Finanze, di concerto con il Ministro delle politiche agricole e forestali".

ESEMPIO 3B *Calcolo del reddito di allevamento di animali eccedente*

Si ipotizzi un imprenditore che sia proprietario di un appezzamento di terreno appartenente alla **I fascia di qualità** (v. Tabella 1 allegata al d.m. 15 marzo 2019) produttivo di un reddito agrario rivalutato pari a euro 22,10 e che allevi n. 200 bovini.

Per la **determinazione del reddito di allevamento eccedente** (rigo RD5 della dichiarazione dei redditi Persone Fisiche, Società di Persone e Enti non commerciali) sono da calcolare i seguenti dati:

A) ***Numero dei capi normalizzati*** (rigo RD2 dichiarazione redditi).

B) ***Numero dei capi allevabili nei limiti dell'art 32 t.u.i.r.*** (rigo RD3 dichiarazione redditi).

C) ***Numero dei capi eccedenti*** (rigo RD4 dichiarazione redditi).

Data la complessità dei calcoli da eseguire, il Ministero delle Finanze, con **circolare n. 150 del 1° dicembre 1978,** ha predisposto un sistema semplificato di determinazione forfettaria del reddito elaborato in base alle tabelle allegate al decreto interministeriale richiamato dalla norma (attualmente si fa riferimento alle tabelle 1-2-3 allegate al d.m. 15 marzo 2019).

A) *Determinazione dei capi normalizzati (rigo RD2 dichiarazione redditi)*

Per la determinazione dei **capi normalizzati alla specie base** (piccioni, quaglie e altri volatili), è stato elaborato uno **schema di calcolo** (riportato nelle istruzioni per la compilazione della dichiarazione dei redditi) che tiene conto delle indicazioni fornite dalla circolare Ministeriale n. 150/1978.

Seguendo il suddetto **schema di calcolo**, al fine di determinare il numero dei capi normalizzati è necessario innanzitutto calcolare il **reddito agrario normalizzato** alla VI fascia di qualità (v. schema di calcolo riportato nelle istruzioni per la compilazione della dichiarazione dei redditi).

Reddito agrario rivalutato calcolato ai sensi dell'art. 34 t.u.i.r. (Esempio 3A)	22,10	x
Coefficiente di normalizzazione per la I fascia di qualità (v. schema di calcolo)	56,389	=
Reddito agrario normalizzato alla VI fascia - TOTALE A	**€ 1.246,20**	

Determinazione del numero di capi normalizzati

Numero capi allevati	200	x
Coefficiente di normalizzazione per i bovini (v. schema di calcolo)	1.750,000	=
Numero capi normalizzati – TOTALE B	**350.000,000**	

B) *Determinazione del numero dei capi allevabili nei limiti dell'art. 32 del t.u.i.r. (rigo RD3 dichiarazione redditi)*

Il numero dei **capi allevabili entro il limite previsto dall'art. 32 del t.u.i.r.** si calcola moltiplicando il totale del reddito agrario normalizzato alla VI fascia di qualità (TOTALE A) per il coefficiente 219,08 e diviso per 51,64569 (cfr. istruzioni per la compilazione della dichiarazione dei redditi).

Totale del reddito agrario normalizzato alla VI fascia (TOTALE A)	1.246,20	x
	219,08	/
	51,64569	=
Capi allevabili nei limiti dell'art. 32 (TOTALE C)	**5.286,00**	

C) *Determinazione del numero dei capi eccedenti (rigo RD4 dichiarazione redditi)*

Il numero dei **capi eccedenti** è dato dalla differenza tra il numero dei capi normalizzati (TOTALE B) e il numero dei capi allevabili nei limiti dell'art. 32 del t.u.i.r. (TOTALE C) (cfr. istruzioni per la compilazione della dichiarazione dei redditi).

Numero dei capi normalizzati (TOTALE B)	350.000,00	–
Numero capi allevabili nei limiti dell'art. 32 del t.u.i.r. (TOTALE C)	5.286,00	=
Numero capi eccedenti (TOTALE D)	**344.714,00**	

Calcolo del reddito di allevamento eccedente (rigo RD5 dichiarazione redditi persone fisiche, società di persone e enti non commerciali)

Il reddito di allevamento eccedente, da indicare nel rigo RD5 della dichiarazione, si ottiene moltiplicando il valore indicante il numero dei capi eccedenti indicato nel rigo RD4 (TOTALE D) e il coefficiente 0,058532 (tale coefficiente si ottiene moltiplicando il reddito attribuibile a ciascun capo eccedente della specie base (pari a 0,029266) per il coefficiente moltiplicatore (pari a 2) previsto dal d.m. 15 marzo 2019) (cfr. istruzioni per la compilazione della dichiarazione dei redditi).

Numero capi eccedenti	344.714,00	x
Coefficiente di calcolo	0.058532	=
REDDITO DI ALLEVAMENTO ECCEDENTE	**€ 20.177,00**	

3. I redditi derivanti da attività dirette alla produzione di vegetali tramite l'utilizzo di strutture fisse o mobili

Ai sensi dell'art. 32, co. 2, lett. b), 2° parte, t.u.i.r., sono considerate attività agricole, e quindi produttive di **reddito agrario**, le attività dirette alla **produzione** di **vegetali** tramite l'utilizzo di **strutture fisse o mobili**, anche provvisorie, se la superficie adibita alla produzione non eccede il doppio di quella del terreno su cui la produzione stessa insiste. In tal caso il reddito è determinato ai sensi dell'art. 34 del t.u.i.r., ovvero attraverso l'applicazione delle **tariffe d'estimo** stabilite per ciascuna qualità e classe secondo le norme della legge catastale (vedi ESEMPIO 3A).

Nel caso in cui, invece, le attività dirette alla produzione di vegetali siano esercitate **oltre il limite** di cui all'art. 32, co. 2, lett. b), **l'art. 56 *bis* del t.u.i.r.** prevede che "il reddito relativo alla parte eccedente concorre a formare il **reddito di impresa** nell'ammontare corrispondente al reddito agrario relativo alla superficie sulla quale la produzione insiste in proporzione alla superficie eccedente".

ESEMPIO 3C *Calcolo del reddito derivante dalla produzione di vegetali oltre il limite di cui all'art. 32, co. 2, lett. b)*

Si ipotizzi un imprenditore che eserciti la sua attività di produzione in serra su una superficie totale adibita alla produzione di 500 mq (superficie totale in serra data dalla somma delle superfici dei bancali, dei ripiani, ecc.). Si consideri che il reddito agrario rivalutato (v. ESEMPIO 3A) sia pari a euro 22,10 e la superficie totale del terreno su cui insiste la produzione, ossia la superficie considerata ai fini della determinazione del reddito agrario ai sensi dell'art. 32, co. 2, lett. b), t.u.i.r., sia pari a **200 mq** (superficie su cui insiste la produzione).

Ai sensi dell'art. 56 *bis* t.u.i.r., per calcolare il reddito derivante dall'attività agraria eccedente (Rigo RD9 dichiarazione redditi persone fisiche, società di persone e enti non commerciali), deve essere calcolata la **superficie eccedente** data dalla differenza tra la superficie totale in serra e il doppio della superficie su cui insiste la produzione.

Superficie totale in serra (mq)	500	–
Doppio superficie su cui insiste la produzione (200x2) (mq)	400	=
Superficie eccedente (mq)	**100**	

Calcolo del reddito derivante dall'attività agricola eccedente

Superficie eccedente (mq)	100	x
Ammontare del reddito agrario (euro)	22,10	/
Superficie del terreno su cui insiste la produzione (mq)	200	=
REDDITO DI IMPRESA DERIVANTE DALL'ATTIVITÀ AGRICOLA ECCEDENTE	**€ 11,05**	

4. I redditi derivanti da attività connesse a quelle agricole

Ai sensi dell'art. 32, co. 2, lett. c), t.u.i.r. sono considerate attività agricole e, di conseguenza generano **reddito agrario**, le **attività** di cui al **terzo comma** dell'art. 2135 c.c., dirette alla manipolazione, conservazione, trasformazione, commercializzazione e valorizzazione, ancorché non svolte sul terreno, di prodotti ottenuti prevalentemente dalla coltivazione del fondo o del bosco o dall'allevamento di animali, con riferimento ai beni individuati, ogni due anni (...), con decreto del Ministro dell'economia e delle finanze su proposta del Ministro delle politiche agricole e forestali.

In tal caso, ossia quando l'imprenditore agricolo svolge attività di trasformazione e manipolazione di **prodotti** ottenuti **prevalentemente** dalla coltivazione del fondo o del bosco o dall'allevamento di animali **e rientranti** nel decreto ministeriale, l'attività è considerata agricola e la tassazione rientra nel **reddito agrario** determinato su **base catastale** (vedi ESEMPIO 3A).

Qualora, invece, l'imprenditore svolga attività di trasformazione e manipolazione di **prodotti** ottenuti **prevalentemente** dalla coltivazione del fondo o del bosco o dall'allevamento di animali, ma **non rientranti** nel decreto ministeriale, l'intero reddito prodotto costituisce **reddito d'impresa** da determinarsi in base all'art. 56 *bis*, co. 2, t.u.i.r., secondo il quale il reddito è determinato "applicando all'ammontare dei corrispettivi delle operazioni registrate o soggette a registrazione agli effetti dell'imposta sul valore aggiunto, conseguiti con tali attività, il coefficiente di redditività del 15 per cento".

ESEMPIO 3D *Calcolo del reddito derivante da attività connesse aventi ad oggetto prodotti ottenuti prevalentemente dalla coltivazione del fondo o del bosco o dall'allevamento di animali, ma NON rientranti nel decreto ministeriale*

Si ipotizzi il caso di un imprenditore agricolo che produce e commercializza con latte di bovini allevati prevalentemente da lui un prodotto non rientrante nel d.m. 13 febbraio 2015 e che per tale attività riceve un corrispettivo pari a euro 2.000,00 (al netto di Iva).

Corrispettivi	2.000	+
Coefficiente di redditività	15%	=
REDDITO DI IMPRESA	**€ 2.300**	

APPROFONDIMENTI

Dottrina

URICCHIO, *Riflessi fiscali nella nuova disciplina del settore agricolo*, in *Rass. trib.*, 2002, 47 ss.

MULEO-LUPI, *Catasto, paracatasto e forfait in materia di redditi agricoli*, in *Dialoghi di dir. trib.*, 2004.

PICCIAREDDA, *La nozione di reddito agrario*, Milano, 2004.

MULEO, *Impresa agraria ed imposizione reddituale*, Milano, 2005.

Giurisprudenza

Cass., Sez. trib., 14 febbraio 2014, n. 3487, in *www.agenziaentrate.it*: "*In tema di imposte sui redditi, l'attività di allevamento del bestiame non può essere ricondotta alla previsione dell'art. 29, comma 2, lettera b), del D.P.R. 22 dicembre 1986, n. 917, e va considerata industriale o commerciale, qualora l'allevamento non sia effettuato con mangimi ottenuti, almeno per un quarto di quelli necessari per l'alimentazione del bestiame, dai terreni dell'azienda. Ne consegue che, in tal caso, ai sensi dell'art. 78 del D.P.R. n. 917 cit., il reddito eccedente ha natura di reddito d'impresa*".

Cass., Sez. trib., 10 aprile 2015, n. 7238, in *www.cortedicassazione.it* **(il testo è riportato nella sezione online CASI)**. "*Ai fini tributari, l'attività di commercializzazione dei prodotti svolta da un'impresa, per essere considerata agraria per connessione, deve riguardare, almeno prevalentemente, i prodotti propri dell'impresa agricola e non assumere dimensioni tecnico-organizzative tali da assurgere ad attività del tutto autonoma. In nessun caso, comunque, l'attività di commercializzazione di prodotti acquistati da terzi può considerarsi agraria per connessione, se su detti prodotti l'imprenditore, prima di operarne la rivendita, non esegua alcun intervento (ad esempio, di manipolazione o di trasformazione) idoneo ad inserire in qualche modo i prodotti stessi nel proprio ciclo intermediario per la collocazione sul mercato di prodotti di altri imprenditori, realizzando utilità del tutto indipendenti dall'impresa agricola o comunque prevalenti rispetto ad essa*".

Corte cost., 24 aprile 2015, n. 66, in *www.cortecostituzionale.it*. "*Non è fondata, per erroneo presupposto interpretativo, la questione di legittimità costituzionale degli artt. 1, comma 423, della legge 23 dicembre 2005, n. 266 (nel testo anteriore alle modifiche apportate dall'art. 22, comma 1, del d.l. n. 66 del 2014) e 1, comma 1093, della legge 27 dicembre 2006, n. 296, impugnati, in riferimento agli artt. 2, 3 e 53 Cost., nelle parti in cui non stabiliscono alcun limite di natura qualitativa e/o quantitativa oltre il quale la produzione e la cessione di energia elettrica da fonti rinnovabili agroforestali e fotovoltaiche effettuate dagli imprenditori agricoli cessa di essere attività connessa a quella agricola e diviene attività industriale che genera reddito di impresa soggetto a tassazione ordinaria. Il legislatore statale, infatti, perimetra la categoria delle attività connesse ricorrendo al principio della 'prevalenza' dell'attività propriamente agricola nell'economia complessiva dell'impresa; questa condizione riguarda tutte le attività connesse, ivi compresa quella di produzione e cessione di energia da fonti rinnovabili agroforestali e fotovoltaiche".*

Cass., Sez. trib., ord. 21 luglio 2017 n. 18071, in *il fisco*, n. 35/2017 *"l'applicabilità dell'art. 34 Tuir, secondo il quale il reddito agrario è determinato mediante l'applicazione delle tariffe d'estimo, richiede la ricorrenza di due presupposti: a) che i prodotti oggetto di lavorazione abbiano avuto origine proprio dal terreno rispetto al quale viene determinato il reddito (presupposto qualitativo); b) che i prodotti così individuati costituiscano almeno la metà di quelli lavorati (presupposto quantitativo)*".

Prassi

Ris. Ag. Entr., 5 luglio 2007, n. 158, in *www.agenziaentrate.it* (*Qualificazione come reddito agrario del reddito derivante dalla trasformazione e commercializzazione di prodotti agricoli ottenuti prevalentemente dalla coltivazione del fondo*).

Ris. Ag. Entr., 15 ottobre 2015, n. 86, in *www.agenziaentrate.it* (*Tassazione forfettaria del reddito derivante dalla produzione e dalla cessione di energia elettrica da impianti fotovoltaici – Art. 22 del decreto legge n. 66 del 2014*).

Ris. Ag. Entr., 28 settembre 2018, n. 73, in *www.agenziaentrate.it* (*Applicabilità dell'articolo 56-bis, comma 3, del TUIR all'attività faunistico-venatoria esercitata sul fondo dall'imprenditore agricolo*).

Casi e Materiali

Per i documenti concernenti i *Casi* ed i *Materiali*, si rinvia ai contenuti telematici inseriti nella parte on line del Volume (§ 3 dei *Casi*; §§ 17 e 18 dei *Materiali*).

4. REDDITO D'IMPRESA E RISULTATO D'ESERCIZIO: LE VARIAZIONI IN AUMENTO E IN DIMINUZIONE

Premessa

La determinazione del reddito di impresa, diversamente da quanto avviene per le altre categorie reddituali, trova la propria regolamentazione generale e di dettaglio nella parte del t.u.i.r. relativa ai soggetti passivi Ires e non in quella dedicata ai soggetti passivi Irpef.

La disciplina del reddito d'impresa di questi ultimi, infatti, risulta dal richiamo a quella Ires, salvo alcune deroghe che permettono l'adeguamento della disciplina pensata per il reddito di società di capitali (soggetti Ires) ai redditi d'impresa percepiti da persone fisiche e società di persone.

Il **reddito di impresa** (che per i soggetti Irpef concorre, insieme alle altre categorie di reddito di cui all'art. 6 del t.u.i.r. -ossia redditi fondiari, redditi di capitale, redditi di lavoro dipendente, redditi di lavoro autonomo e redditi diversi- a determinare il reddito complessivo) è determinato apportando all'**utile** o alla **perdita** risultante dal conto economico **le variazioni** in aumento o in diminuzione conseguenti all'applicazione delle disposizioni del t.u.i.r. e, in particolare, di quelle contenute nella sezione relativa alla determinazione della base imponibile delle società e degli enti commerciali residenti soggetti passivi Ires (artt. 81-116).

La scelta di determinare il reddito d'impresa sulla base del risultato del conto economico, effettuando poi le variazioni in aumento o in diminuzione a seconda di quanto specificamente richiedono le norme del t.u.i.r., da corpo al c.d. **sistema della dipendenza** e costituisce una soluzione "intermedia" tra quelle astrattamente ipotizzabili.

Il legislatore, infatti, avrebbe potuto prevedere l'obbligo per il contribuente di redigere – oltre al bilancio civile – anche un apposito "bilancio fiscale", in cui la determinazione degli elementi reddituali rilevanti sarebbe stata disciplinata secondo principi e criteri fiscali autonomi rispetto alla disciplina civile (il c.d. **sistema del doppio binario**).

D'altro canto, il legislatore avrebbe potuto far coincidere il reddito fiscalmente imponibile con l'utile o la perdita di esercizio, così semplificando l'attività amministrativa dei contribuenti (**sistema della coincidenza**).

Sull'esigenza di semplicità, tuttavia, ha prevalso la considerazione che gli obiettivi perseguiti dal codice civile sono differenti da quelli perseguiti dal legislatore fiscale che possono influire sulla determinazione della base imponibile. Invero, mentre il bilancio d'esercizio misura il risultato economico con un approccio caratterizzato dalla prudenza, la normativa fiscale persegue finalità parzialmente divergenti.

Secondo quanto stabilito dal codice civile, il **bilancio d'esercizio** deve essere redatto nel rispetto di taluni principi (art. 2423 *bis* c.c.) e criteri applicativi (art. 2426 c.c.). Tra i principi enunciati dal codice si possono ricordare il principio di **continuità dell'attività aziendale**, quello di **prudenza**, il principio di competenza, quello di costanza e quello di valutazione separata.

Questi principi hanno la funzione di tutelare gli interessi dei principali utilizzatori del bilancio, ovverosia i soci della società, i finanziatori, i clienti, i fornitori e, più in generale, tutti i soggetti con i quali l'azienda entra in contatto.

A fronte dei margini discrezionali che la legislazione civilistica lascia agli amministratori nella redazione del bilancio per meglio rispettare i principi sopra richiamati, la disciplina fiscale risponde ad esigenze di **stabilità degli imponibili**, mediante la predeterminazione normativa dei criteri valutativi, ma soprattutto esprime una **funzione pubblicistica immanente alla tassazione delle imprese** (espressiva di **scelte di politica economica**). Spesso infatti le imprese beneficiano di regimi di favore (si pensi alla rateizzazione delle plusvalenze *ex* art. 86 del t.u.i.r, alle plusvalenze esenti *ex* art. 87 del t.u.i.r. – c.d. Pex, ecc.), talvolta anche in conflitto con le normali logiche di bilancio (si pensi alle rivalutazioni fiscali dei cespiti periodicamente previste da appositi interventi legislativi, o ai super ammortamento per ammontare superiore al costo di acquisizione); per altro verso sono molteplici le norme tributarie che limitano la deducibilità di taluni elementi passivi (interessi passivi *ex* art. 96 del t.u.i.r.), o li forfettizzano (oneri di utilità sociale *ex* art. 100 del t.u.i.r., spese di rappresentanza *ex* art. 108 del t.u.i.r.).

Il legislatore fiscale, infatti, disciplina in modo più dettagliato le valutazioni degli elementi reddituali, riducendo il ricorso a principi generali e limitando i margini di valutazione del contribuente, così stabilizzando maggiormente la base imponibile su cui calcolare l'imposta.

In questo contesto, la determinazione del reddito di impresa commerciale dei soggetti Irpef ed Ires non è completamente svincolata dalla determinazione dal bilancio di esercizio di cui all'art. 2425 c.c. in quanto il t.u.i.r. prevede che all'utile o alla perdita vengano apportate talune variazioni giustificate dalle differenti esigenze perseguite dal legislatore fiscale.

Il risultato d'esercizio costituisce il dato di partenza cui il contribuente deve apportare le modifiche, in aumento o in diminuzione, prescritte o facoltizzate dalle norme fiscali. Il reddito fiscale, in altri termini, si pone in un rapporto di **dipendenza** che è solo "**parziale**", in quanto il risultato d'esercizio rappresenta comunque la base cui apportare delle variazioni in aumento o in diminuzione (c.d. **sistema di derivazione parziale**).

In questo contesto, la **dichiarazione dei redditi** riporta un elenco delle possibili variazioni da apportare al risultato economico d'esercizio in applicazione delle disposizioni fiscali. La somma algebrica tra l'utile (o la perdita) e le variazioni annotate nella dichiarazione costituisce il reddito d'impresa sul quale determinare l'imposta.

Posto ciò, ben si comprende la norma di cui all'art. 109, co. 4, t.u.i.r. (c.d. **principio di previa imputazione**) il quale dà effettività al principio di derivazione, stabilendo che i componenti negativi sono ammessi in deduzione se, e nella misura in cui, risultano imputati al conto economico.

Costituisce, invece, una diretta conseguenza del **principio di derivazione** quello **di non tassatività**, a mente del quale nella determinazione del reddito d'impresa possono concorrere anche elementi positivi e negativi diversi da quelli espressamente regolati dalle norme tributarie purché idonei ad incidere sul conto economico. **Le norme tributarie**, infatti, **non disciplinano tutti gli elementi reddituali** che possono manifestarsi nell'esercizio dell'attività imprenditoriale, ma solo quelli che il legislatore ha ritenuto opportuno disciplinare in modo specifico, discostandosi dalla normativa civilistica. Ciò comporta che, ferma l'applicazione dei principi generali nella determinazione del reddito d'impresa (competenza, inerenza, ecc.) quegli elementi reddituali non specificamente disciplinati ai fini tributari concorrono ugualmente alla determinazione del reddito di impresa secondo i criteri ed i valori applicati in ambito civilistico ai fini del bilancio. Il che equivale a dire, che il contribuente non è tenuto ad apportare alcuna variazione all'utile (o alla perdita) d'esercizio con riferimento alle componenti per le quali il legislatore tributario non ha previsto una specifica disciplina.

1. Variazioni in aumento e in diminuzione

Le variazioni possono comportare un aumento ovvero una diminuzione del risultato d'esercizio.

Le **variazioni in aumento** comportano un ampliamento della base imponibile e, pertanto, una maggiore imposta dovuta (si vedano, nel Modello Unico società di capitali, i righi del quadro RF da 7 a 33).

Le variazioni in aumento sono imposte da quelle disposizioni tributarie che escludono, in tutto o in parte, la deducibilità di un costo precedentemente iscritto in bilancio nonché da quelle norme che impongono un aumento di un ricavo o di un provento rispetto al valore indicato nel conto economico.

Le **variazioni in diminuzione**, al contrario, contraggono la base imponibile e, conseguentemente, l'imposta da versare (si vedano, nel Modello Unico società di capitali, i righi del quadro RF da 34 a 55).

Le variazioni in diminuzione possono derivare da una disposizione che esclude, in tutto o in parte, l'imponibilità di un elemento positivo del reddito ovvero da norme che riconoscono la deducibilità di costi per un valore maggiore rispetto a quello indicato nel bilancio civile.

Le variazioni disposte dalla disciplina fiscale possono essere **definitive** oppure **temporanee**.

Le prime comportano la definitiva deducibilità/imponibilità dell'elemento reddituale mentre le seconde determinano l'anticipazione ovvero la posticipazione della deduzione/imposizione del costo/provento. In questo secondo caso, a fronte di una variazione in aumento conseguirà, negli esercizi successivi, una simmetrica variazione in diminuzione, eventualmente "spalmata" su più esercizi. Lo stesso dicasi per le variazioni in diminuzione cui fanno seguito una o più variazioni in aumento, per pari ammontare, negli esercizi successivi.

2. Le giustificazioni delle variazioni

Le ragioni che inducono il legislatore ad apportare delle variazioni al risultato d'esercizio possono essere svariate e possono, talora, concorrere congiuntamente (v. anche *retro* sub Premessa).

Alcune disposizioni fiscali hanno l'obiettivo di standardizzare gli imponibili, come accade ad es. per le norme che individuano i beni d'impresa e ne determinano il **valore fiscalmente riconosciuto** (si pensi all'art. 110 del t.u.i.r. contenente "norme generali sulle valutazioni").

In alcuni casi le disposizioni fiscali possono **derogare** ovvero **puntualizzare** uno dei **principi generali** relativi alla determinazione del reddito di impresa (v. le norme in tema di spese di rappresentanza, beni ad uso promiscuo, ecc., le quali tendono a precisare il principio di inerenza).

In molti casi il legislatore ha introdotto norme particolarmente dettagliate, volte a garantire maggiore **certezza e stabilità**.

Tale esigenza si manifesta soprattutto in relazione a quegli elementi valutativi, quali le rimanenze, gli ammortamenti e gli accantonamenti, per i quali la disciplina civilistica e i principi contabili lasciano ampi margini di apprezzamento e valutazione all'imprenditore (si vedano, sul punto, i capitoli sugli accantonamenti e degli ammortamenti, ai quali pertanto si rinvia per ulteriori esempi).

In questi casi, al fine di ridurre le possibili situazioni di contrasto tra Fisco e contribuente, il legislatore ha introdotto norme dettagliate che, nella maggior parte dei casi, prevedono forfettizzazioni che garantiscono maggiore stabilità, certezza e semplicità nei rapporti fiscali.

In taluni casi il legislatore ha introdotto **norme antielusive** volte a contrastare possibili manovre dei contribuenti dirette ad aggirare obblighi o divieti previsti dall'ordinamento tributario. Tali norme non sono espressamente individuate dal legislatore sicché la loro identificazione è rimessa all'interprete (contribuente, Agenzia Entrate o Giudice tributario).

Alcune norme prevedono variazioni al risultato d'esercizio al fine di **evitare la** c.d. **doppia imposizione economica.**

Questo fenomeno si verifica, in particolare, per le società con scopo di lucro in quanto la ricchezza prodotta dalla società viene ulteriormente tassata in capo ai soggetti che vi partecipano.

Nella categoria contenente le disposizioni volte ad evitare la doppia imposizione degli utili rientrano quelle che prevedono ipotesi di trasparenza fiscale (artt. 89, co. 1, 115 e 116 t.u.i.r.) nonché quelle che prevedono l'esenzione per i dividendi (art. 89, co. 2 e ss. t.u.i.r.) e per le plusvalenze su partecipazioni (art. 87 t.u.i.r.).

ESEMPIO 4A Pex e *trasparenza*

La società Alfa s.r.l. (quindi soggetto passivo Ires) partecipa al 50% degli utili della società Gamma Snc (società cui si applica il regime di trasparenza) e detiene diverse azioni nella società Beta s.p.a. (soggetto passivo Ires).

Al termine dell'esercizio di competenza vengono poste in essere le seguenti operazioni:

(a) la società Alfa s.r.l. cede tutte le azioni di Beta s.p.a., realizzando una plusvalenza pari a 3.000.000 euro. Tutte le azioni cedute risultavano iscritte tra le immobilizzazioni finanziarie, ma il 30% erano state acquisite 36 mesi prima della cessione, mentre il restante 70% era stato acquisito nel corso del medesimo anno in cui è avvenuta la loro cessione.

(b) La società Gamma s.n.c. realizza un utile pari a 500.000 euro che destina a riserve e non distribuisce ai propri soci.

Dal punto di vista civile, vengono iscritti nel bilancio di Alfa s.r.l. i soli proventi relativi alla plusvalenza da cessione di partecipazioni, pari a 3.000.000 euro.

Dal punto di vista fiscale occorre analizzare distintamente le due operazioni.

(a) Per quanto concerne il trattamento fiscale della plusvalenza di 3.000.000 euro realizzata da Alfa s.r.l. occorre valutare la possibilità di applicare la disciplina di cui all'art. 87 del t.u.i.r.

Tale disposizione esclude dal concorso alla formazione del reddito imponibile in quanto esenti nella misura del 95 per cento le plusvalenze realizzate a titolo oneroso relative ad azioni o quote di partecipazioni in società con i seguenti requisiti:

i) ininterrotto possesso dal primo giorno del dodicesimo mese precedente quello dell'avvenuta cessione;

ii) classificazione nella categoria delle immobilizzazioni finanziarie;

iii) residenza fiscale della società partecipata in uno Stato o territorio di cui alla *white liste* o, alternativamente, l'avvenuta dimostrazione che dalle partecipazioni non sia stato conseguito, sin dall'inizio del periodo di possesso, l'effetto di localizzare i redditi in Stati o territori diversi da quelli individuati nel medesimo decreto;

iv) esercizio da parte della società partecipata di un'impresa commerciale.

Questo regime tributario si configura come trattamento di favore, contemplando una esenzione di plusvalenze che, viceversa, ai fini civilistici, concorrono normalmente alla formazione del risultato di esercizio.

Nel caso di specie i requisiti di applicabilità della *participation exemption* sussistono solo in relazione al 30% delle azioni della Beta s.p.a. cedute.

Pertanto, la plusvalenza che può beneficiare della parziale esenzione è relativa alle sole azioni acquistate 36 prima della cessione delle relative azioni, ossia

3.000.000 euro × 30% = 900.000 euro

La quota che non concorre a determinare il reddito della plusvalenza è del 95%, come stabilito dall'art. 87 del TUIR.

900.000 euro × 95% = 855.000 euro

Ai fini fiscali e con riferimento alla plusvalenza da cessione delle partecipazioni in Beta s.p.a. occorre, pertanto, apportare una **variazione in diminuzione** pari ad euro 855.000 al risultato d'esercizio di Alfa s.r.l.

Operazione (a): Alfa S.r.l. cede le azioni di Beta S.p.A.		
Fini civilistici		
Plusvalenza	€ 3.000.000	
Fini fiscali		
Plusvalenza imputabile alle azioni che **non** possono beneficiare della PEX	€ 2.100.000	Nessuna variazione
Plusvalenza imputabile alle azioni che possono beneficiare della PEX	€ 900.000	Variazione in diminuzione – € 855.000

La variazione in diminuzione, pari ad euro 855.000, ha carattere definitivo per cui negli esercizi successivi non occorrerà apportare alcuna variazione in aumento.

(b) In merito alla partecipazione nella società di persone Gamma Snc, l'art. 5 del t.u.i.r., richiamato dal co. 1 dell'art. 89 dello stesso Testo unico, stabilisce che i redditi delle società semplici, in nome collettivo e in accomandita semplice residenti nel territorio dello Stato sono imputati a ciascun socio, indipendentemente dalla percezione, proporzionalmente alla sua quota di partecipazione agli utili.

Ai fini fiscali, pertanto, il 50% degli utili realizzati da Gamma s.n.c. deve essere imputato ad Alfa s.r.l. mediante una **variazione in aumento** pari a

500.000 euro × 50% = 250.000 euro

Operazione (b): Gamma S.n.c. realizza un utile, che non distribuisce		
Fini civilistici		
Nessuna distribuzione	€ 0	
Fini fiscali		
Tassazione per trasparenza dell'utile realizzato, ancorché non distribuito	€ 250.000	Variazione in aumento + € 250.000

Non tutte le disposizioni tributarie stabiliscono variazioni obbligatorie.

In taluni casi, infatti, il legislatore lascia un certo margine di apprezzamento al contribuente il quale può pertanto decidere se, e in che misura, apportare variazioni al proprio risultato economico.

In questi casi il legislatore si limita ad indicare solo i limiti minimi o massimi che l'imprenditore è tenuto a rispettare.

ESEMPIO 4B *Rateizzazione delle plusvalenze*

Alfa s.p.a. trasferisce mediante cessione a titolo oneroso un ramo d'azienda posseduto da oltre dieci anni alla società Beta s.r.l., realizzando una plusvalenza pari a 1.000.000 euro.

Questo importo viene iscritto tra i proventi straordinari nell'esercizio di competenza, in quanto non derivanti da attività ordinaria.

Per quanto concerne il trattamento fiscale di tale elemento reddituale occorre richiamare quanto stabilito dall'art. 86 del t.u.i.r., il quale, dopo aver precisato che concorrono alla formazione del reddito anche le plusvalenze derivanti dalla cessione di aziende, compreso il valore di avviamento, realizzate unitariamente mediante cessione a titolo oneroso, stabilisce che le plusvalenze realizzate «concorrono a formare il reddito, per l'intero ammontare nell'esercizio in cui sono state realizzate ovvero, se i beni sono stati posseduti per un periodo non inferiore a tre anni [...] a scelta del contribuente, in quote costanti nell'esercizio stesso e nei successivi, ma non oltre il quarto».

La scelta deve risultare dalla dichiarazione dei redditi del contribuente.

Il legislatore concede, quindi, la possibilità al contribuente di non assoggettare a tassazione l'intera plusvalenza nell'anno di realizzo, ma di "spalmare" il pagamento del tributo nei quattro esercizi successivi. Viceversa nel conto economico, ai fini civilistici, è rilevata l'intera plusvalenza.

L'art. 86 del t.u.i.r. concede al contribuente la facoltà di optare per una rateazione del pagamento dell'imposta sulla plusvalenza senza applicazione di alcun tasso di interesse.

Si ipotizza, pertanto, che Alfa s.p.a. sfrutti al massimo tale facoltà:

Anno	**Quota plusvalenza tassata**	**Variazione**
n. 1	200.000	– 800.000
n. 2	200.000	200.000
n. 3	200.000	200.000
n. 4	200.000	200.000
n. 5	200.000	200.000

Nell'anno in cui avviene la cessione dell'azienda (i.e. in cui viene realizzata la plusvalenza e iscritta in bilancio) occorre sottrarre dal risultato economico la quota di plusvalenza la cui imposizione è rinviata – su scelta del contribuente – agli esercizi successivi.

Tale sottrazione viene realizzata mediante una **variazione in diminuzione** pari a 800.000 euro.

Nei quattro esercizi successivi, poiché manca nella contabilità l'iscrizione di alcuna plusvalenza (già iscritta per intero nell'anno di realizzo), occorre procedere mediante una **variazione in aumento**, pari a 200.000 euro ciascun anno.

La variazione in diminuzione del primo esercizio, quindi, ha carattere temporaneo in quanto ha lo scopo di distribuire temporalmente la plusvalenza.

APPROFONDIMENTI

Dottrina

FALSITTA, *Il problema dei rapporti tra bilancio civile e bilancio fiscale nella riforma dell'imposta sulle società (Ires)*, in AA.VV., *Il reddito d'impresa tra norma di bilancio e principi contabili*, a cura di RINALDI, Milano, 2004, 27.

VACCA, *Gli IAS/IFRS e il principio della prevalenza della sostanza sulla forma: effetti sul bilancio e sul principio di derivazione nella determinazione del reddito d'impresa*, in *Riv. dir. trib.*, 2006, 757.

LUPI, *Reddito fiscale e bilancio civilistico: a sorpresa tornano gli inquinamenti*, in *Corr. trib.*, 2007, 3231.

ZIZZO, *Il principio di derivazione a dieci anni dall'introduzione dell'Ires*, in *Rass. trib.*, 2014, 1303).

GRANDINETTI, *Il principio di derivazione nell'IRES*, Padova, 2016.
DEL FEDERICO, *Forma e sostanza nella tassazione del reddito d'impresa: spunti per qualche chiarimento concettuale*, in *Riv. dir. trib.*, 2/2017, 139.

Giurisprudenza

Cass. 5 aprile 2000, n. 4217, in *Giur. imp.*, 2000, 852, "*In tema di imposte sui redditi, l'art. 52, co. 2, periodo II, d.p.r. n. 597/1973 ora art. 90 del t.u.i.r., pone la regola secondo la quale i redditi degli immobili appartenenti ad impresa commerciale e non strumentali per l'esercizio dell'impresa concorrono a formare il reddito d'impresa nell'ammontare determinato secondo le disposizioni che disciplinano i redditi fondiari. Conseguentemente, passando dal calcolo dall'utile di bilancio civilistico alla determinazione del reddito d'impresa imponibile è necessario, secondo il criterio delle variazioni in aumento o in diminuzione, sostituire ai costi ed ai ricavi effettivi dell'immobile, il reddito fondiario*".

Cass. 24 novembre 2000, n. 15213, in *Giur. imp.*, 2001, 294*:* (**il testo integrale è riportato nella sezione "CASI"**): "*Le variazioni del risultato netto del conto economico sono dirette proprio ad adeguare il reddito d'impresa determinato secondo le norme civilistiche ai criteri specificamente stabiliti dalle norme tributarie. Conseguentemente risulta errata la decisione dei giudici di merito allorquando abbia omesso di considerare che l'eccedenza delle somme accantonate rispetto ai limiti stabiliti dalle norme fiscali sia stata indicata nelle note di variazione della dichiarazione dei redditi, indicando una somma corrispondente ai maggiori accantonamenti effettuati*".

Cass. 13 luglio 2018, n. 18719, in *Il Fisco*, 40/2018, 3863, "*Gli accantonamenti ad appositi fondi rischi ed oneri sono disciplinati dagli artt. 70, 72 e 73 (ora artt. 105, 107 e 109), statuendo il comma 4 dell'art. 72 (ora 107) TUIR (D.P.R. n. 917 del 1986) che 'non sono ammesse deduzioni per accantonamenti diversi da quelli espressamente considerati dalle disposizioni del presente capo'. Ne consegue che eventuali stanziamenti a fondi diversi da quelli previsti dalle citate disposizioni, costituiscono accantonamenti fiscalmente non riconosciuti e quindi indeducibili. Pertanto le quote accantonate costituiscono variazioni in aumento del risultato civilistico rilevante ai fini della determinazione del reddito d'impresa imponibile, ex art. 52 (ora art. 56) TUIR, mentre l'utilizzo del fondo dovrà essere ricompreso tra le variazioni in diminuzione del risultato di periodo in cui tale utilizzo si è manifestato, mentre se viene azzerato, l'accantonamento del fondo costituisce una sopravvenienza attiva, ex art. 55, ora art. 88, TUIR e, quindi, un componente positivo di reddito*".

Prassi

Ris. Ag. Entr., 25 luglio 2007, n. 184/E (*Principio di derivazione e c.d. "avviamento negativo"*).

Ris. Ag. Entr., 17 dicembre 2007, n. 379/E (*Rateizzazione della plusvalenza realizzata dalla vendita di beni precedentemente posseduti in locazione finanziaria*).

Ris. Ag. Entr., 22 maggio 2008, n. 214/E (*Deducibilità dei costi relativi ad apparecchiature terminali per servizi di comunicazione elettronica ad uso pubblici*).

Ris. Ag. Entr., 20 luglio 2009, n. 189/E (*Conseguenze fiscali della valutazione dei crediti al fair value*).

Circ. Ag. Entr., 29 marzo 2013, n. 7/E (*Chiarimenti in tema di* participation exemption).

Ris. Ag. Entr., 29 gennaio 2018, n. 10/E (*Disciplina Ires per la valutazione titoli con il criterio del costo ammortizzato*).

Casi e Materiali

Per i documenti concernenti i *Casi* ed i *Materiali*, si rinvia ai contenuti telematici inseriti nella parte on line del Volume (§ 4 dei *Casi*; §§ 17, 18 e 19 dei *Materiali*).

5. GLI INTERESSI PASSIVI NEL REDDITO D'IMPRESA

Premessa

Il problema della deducibilità degli interessi passivi nella determinazione del reddito d'impresa si pone a motivo del diverso trattamento fiscale riservato al **costo del debito** rispetto al **costo del capitale proprio**.

Le imprese possono finanziarsi aumentando il proprio capitale di rischio o ricorrendo al credito erogato da terzi. La scelta tra le diverse fonti di finanziamento, oltre che essere motivata da esigenze economico-aziendali e giuridiche, è influenzata anche dal diverso regime tributario, che tradizionalmente induce a preferire il ricorso all'indebitamento, in quanto fiscalmente più conveniente.

Infatti, gli interessi, nell'ambito dell'imposizione sul reddito, rappresentano, per chi li riceve, la remunerazione del capitale di credito, e per l'impresa erogante, costi inerenti alla produzione del reddito tassabile e quindi, in linea generale, sarebbero deducibili. Viceversa, la remunerazione del capitale di rischio avviene mediante la distribuzione dei dividendi ai soci, dividendi che in quanto non sono costi per la produzione del reddito, non sono deducibili, riducendo così la convenienza, per le imprese, a finanziarsi con capitale proprio.

Di qui, le obiezioni rivolte, in sede di teoria economica, alla deducibilità degli interessi passivi, incentrate sull'asserita mancanza di **neutralità** del sistema rispetto alle scelte finanziarie dell'impresa e quindi il dibattito sull'opportunità di restringerne la deducibilità al fine di evitare arbitraggi fiscali.

Le limitazioni alla deducibilità degli interessi passivi rappresentano, inoltre, anche una modalità forfettaria e generalizzata per far fronte ai problemi di riduzione del gettito provocati dalla mobilità internazionale dei capitali, e dalla loro allocazione secondo obiettivi di minimizzazione del carico fiscale. In sintesi, il rischio da fronteggiare è quello di evitare che, alla deduzione di interessi passivi in capo all'impresa italiana, corrisponda una percezione di interessi attivi in giurisdizioni fiscali in cui gli stessi sono esenti o tassati secondo aliquote più miti.

Con questi obiettivi, evitare **arbitraggi fiscali** nazionali e internazionali, il legislatore italiano ha scelto la via di ridurre l'incidenza del fattore fiscale nella scelta delle forme di finanziamento delle imprese, inizialmente, attraverso la previsione di un sistema premiale del capitale di rischio – la *Dual Income Tax*, introdotta con il d.lgs. n. 466/1997 – poi, introducendo limitazioni alla deducibilità degli interessi passivi – pro-rata generale (previgenti artt. 63 e 96 del t.u.i.r.); pro-rata patrimoniale (previgente art. 97 del t.u.i.r.) e *thin capitalization* (previgente art. 98 del t.u.i.r.). Ragioni di semplificazione e razionalizzazione, chiaramente esplicitate nella relazione di accompagnamento alla Legge Finanziaria per il 2008 (legge 24 dicembre 2008, n. 244), hanno indotto a modificare nuovamente la disciplina di deducibilità degli interessi passivi, abolendo le disposizioni sul pro-rata patrimoniale e sulla "*thin capitalization*" e introducendo, per i soli soggetti Ires, un nuovo criterio di deducibilità, basato sul confronto di due grandezze: il costo netto dell'indebitamento ed il risultato operativo lordo della gestione caratteristica.

Pertanto, attualmente, la deducibilità degli interessi passivi dal reddito d'impresa è disciplinata, per le imprese individuali e le società di persone, dal criterio del pro-rata generale (art. 61 del t.u.i.r.), per i soggetti passivi Ires, dalla regola posta dal nuovo art. 96 del t.u.i.r.

1. I limiti alla deducibilità degli interessi passivi per le imprese individuali e le società di persone – Irpef

Per le imprese individuali e le società di persone, in applicazione della regola del **pro-rata generale** (art. 61 del t.u.i.r.), gli interessi passivi "inerenti l'esercizio dell'impresa" sono deducibili per la parte corrispondente al rapporto tra l'ammontare dei ricavi ed altri proventi che concorrono a formare il reddito o che non vi concorrono in quanto esclusi e l'ammontare complessivo di tutti i ricavi e proventi. Il requisito dell'inerenza ha dunque trovato un esplicito riferimento – che non era contenuto nel previgente art. 63 del t.u.i.r. – per quanto riguarda la deducibilità degli interessi passivi in relazione agli imprenditori individuali e alle società di persone: per questi ultimi, infatti, a differenza di quanto previsto per le società di capitali (v. § successivo), gli interessi passivi sono deducibili se inerenti all'attività di impresa e nei limiti del pro rata di cui sopra. La *ratio* del pro-rata generale è individuabile nella difficoltà di discriminare gli interessi inerenti ad attività da cui derivano ricavi o proventi che concorrono a formare il reddito d'impresa da quelli relativi ad attività che non rilevano ai fini della determinazione del reddito imponibile.

Detta limitazione alla deducibilità degli interessi passivi è finalizzata ad evitare che un'impresa, fruente di proventi in parte esenti da imposta, possa amplificare l'esenzione con effetti sulla parte di reddito ordinariamente imponibile, deducendo interessi passivi riferibili alle attività o ai beni produttivi di proventi esenti. In altre parole, il pro-rata generale impone di applicare agli interessi passivi la stessa regola di deduzione proporzionale stabilita per i costi promiscui (art. 109, co. 5, t.u.i.r.).

ESEMPIO 5A *Deducibilità interessi passivi e pro-rata generale*

Un'impresa individuale presenta la seguente situazione:

- € 100.000,00 ricavi;
- € 5.000,00 dividendi maturati ma non percepiti (imputazione per cassa);
- € 50.000,00 plusvalenze (per le quali si è esercitata l'opzione per l'imposizione rateizzata);
- € 20.000,00 proventi esenti;
- € 3.000,00 interessi passivi.

La percentuale di interessi passivi deducibili viene determinata in base al seguente rapporto:

$$\text{Pro-rata generale} = \frac{\text{Tot. ricavi imponibili} + \text{Tot. altri proventi imponibili}}{\text{Tot. ricavi e proventi imponibili} + \text{Tot. ricavi e proventi esenti}} = \text{\% interessi passivi deducibili}$$

La percentuale così ottenuta deve essere moltiplicata per il totale degli interessi passivi sostenuti dall'impresa, ottenendo così l'importo complessivamente deducibile.

Pertanto, nell'esempio:

Tot. ricavi imponibili = € 100.000,00
Tot. altri proventi imponibili = Plusvalenze (€ 10.000,00) * + Dividendi (€ 0,00) **
Tot. ricavi e proventi esenti = € 20.000,00

Ne deriva, pertanto, che la percentuale di deducibilità degli interessi passivi risulta dal seguente rapporto:

$$\text{Pro-rata generale} = \frac{100.000,00 \text{ (ricavi impon.)} + 10.000,00 \text{ (plusvalenze impon.)}}{100.000,00 \text{ (ricavi)} + 10.000,00 \text{ (plusv.)} + 20.000,00 \text{ € (proventi esenti)}} = 84,61\%$$

* Le plusvalenze realizzate nell'esercizio sono imponibili soltanto per 1/5 del loro ammontare in quanto si è optato per l'imposizione rateizzata.

** I dividendi maturati nell'esercizio non sono imponibili nell'esercizio stesso in quanto non ancora percepiti (per i dividendi vale, infatti, in deroga al criterio generale di competenza economica, il principio di cassa).

Applicando la percentuale così ottenuta all'ammontare degli interessi passivi, si ottiene:

Totale interessi passivi deducibili = € 3.000,00 × 84.61% = € 2.538,30

2. I limiti alla deducibilità degli interessi passivi per le società di capitali – Ires

Per i soggetti passivi Ires è stata introdotta una regola speciale di deducibilità degli interessi passivi che prescinde dalla disciplina delineata dall'art. 109, co. 5, t.u.i.r. A differenza di quanto previsto per gli imprenditori individuali e le società di persone, infatti, per le società di capitali, l'art. 96 del t.u.i.r. non subordina la deducibilità degli interessi passivi all'inerenza all'attività d'impresa. Per di più, l'art. 109, co. 5, t.u.i.r. esclude gli interessi passivi dalla riferibilità ad attività o beni da cui derivano ricavi o proventi che concorrono a formare il reddito o che non vi concorrono in quanto esclusi. Ne consegue che la deducibilità degli interessi passivi per i **soggetti Ires** è sottratta a qualsiasi **giudizio di inerenza** ma segue la disciplina di cui all'art. 96 del t.u.i.r. secondo cui gli stessi sono interamente deducibili fino a concorrenza degli interessi attivi (e proventi assimilati) percepiti nell'esercizio. Pertanto, qualora gli interessi attivi ed i proventi assimilati eccedano l'ammontare degli interessi passivi e degli oneri assimilati, questi ultimi sono integralmente deducibili. In caso contrario, l'eventuale eccedenza è deducibile fino a concorrenza del 30% del **Risultato Operativo Lordo** della gestione caratteristica (ROL), dato dalla differenza tra il valore della produzione e i costi della produzione, di cui alle lett. A) e B) dell'art. 2425, co. 1, c.c., con esclusione degli ammortamenti e dei canoni di locazione finanziaria dei beni strumentali. La definizione di ROL è stata modificata, con effetto a partire dal periodo d'imposta successivo a quello in corso al 31 dicembre 2018, facendo riferimento non più al c.d. ROL "contabile" ma al c.d. ROL "fiscale". Infatti, in base al nuovo testo dell'art. 96 del t.u.i.r., come modificato dal d.lgs. 8 agosto 2018, emanato in attuazione della legge 25 ottobre 2017, n. 163, al fine di recepire la Direttiva UE 2016/1164 del Consiglio del 12 luglio 2016 (c.d. Atad 1), l'attuale definizione di ROL, che fa riferimento alla struttura del conto economico è stata modificata assumendo le singole voci "nella misura risultante dall'applicazione delle disposizioni volte alla determinazione del reddito d'impresa".

Il co. 2 dell'art. 96 è stato modificato dall'art. 13 *bis* del d.l. n. 244/2016 che ha stabilito, a partire dal 2016, la rilevanza – ai fini del calcolo del ROL– anche delle componenti "straordinarie" che in precedenza erano escluse, facendo, però, eccezione per quelle derivanti da trasferimenti di azienda o di rami di azienda.

Inoltre, a partire dal periodo d'imposta 2019, per effetto delle modifiche apportate all'art. 96 dal d.lgs. 8 agosto 2018, emanato in attuazione della legge 25 ottobre 2017, n. 163:

– il limite alla deducibilità degli interessi passivi e degli oneri finanziari assimilati viene esteso a quelli inclusi nel costo dei beni ai sensi dell'art. 110, co. 1, lett. B), t.u.i.r.

L'**eccedenza** che risulta indeducibile nell'esercizio potrà essere riportata negli esercizi successivi, sempre entro i limiti del 30% del ROL, è però previsto che si utilizzi prioritariamente il 30% del ROL dello stesso anno e poi il 30% di quello riportato dai periodi d'imposta precedenti, a partire da quello relativo al periodo d'imposta meno recente È stata, in pratica, sancita normativamente l'applicazione di un "criterio FIFO".

Al contrario, se l'ammontare degli interessi passivi e degli oneri finanziari di competenza, al netto degli interessi attivi e dei proventi assimilati, sostenuti nell'esercizio non eccede il valore limite fissato (30% del ROL) è possibile portare in aumento la quota del Risultato Operativo Lordo non utilizzato ai successivi periodi d'imposta; tuttavia, con il d.lgs. 8 agosto 2018, è stato introdotto, a partire dal 2019, un limite alla **riportabilità** del ROL nei successivi peridi d'imposta, che non può eccedere il quinquennio. La possibilità del riporto in avanti del ROL ha la finalità di favorire la capitalizzazione delle imprese, secondo una logica premiale verso i soggetti che in un determinato periodo d'imposta conseguono un'elevata redditività a fronte di un basso indebitamento.

Ambito di applicazione soggettivo

Tale criterio di deducibilità degli interessi passivi trova applicazione nei confronti di tutti i soggetti passivi Ires, fatta eccezione per le banche, le società di gestione dei fondi di investimento mobiliare, le imprese di assicurazione, le società capogruppo di gruppi bancari e assicurativi, le società consortili costituite per l'esecuzione unitaria, totale o parziale, di lavori pubblici, le società di progetto costituite ai sensi del codice dei contratti pubblici, le società costituite per la realizzazione e l'esercizio di interporti; le società il cui capitale sociale è prevalentemente sottoscritto da enti pubblici e che costruiscono o gestiscono impianti per la fornitura di acqua, energia, teleriscaldamento, smaltimento e depurazione.

Ambito di applicazione oggettivo

Ai fini dell'applicazione di tale regime, assumono rilevanza gli interessi passivi e attivi, gli oneri e proventi assimilati derivanti da contratti di mutuo, di locazione finanziaria, emissioni di obbligazioni e titoli similari, nonché da ogni altro rapporto avente natura finanziaria, con esclusione degli interessi impliciti derivanti da debiti di natura commerciale e con inclusione, tra gli attivi, di quelli derivanti da crediti della stessa natura.

Caso particolare: consolidato nazionale (art. 96, co. 7-8, t.u.i.r.)

In presenza di un gruppo di società che abbia optato per il consolidato nazionale, ciascuna società consolidata deve determinare, secondo i criteri ordinari, l'ammontare di interessi deducibili. L'eventuale eccedenza di interessi passivi indeducibile in capo alla singola società può essere portata in abbattimento del reddito complessivo del gruppo se e nei limiti in cui altri soggetti partecipanti al consolidato medesimo presentino, per lo stesso periodo d'imposta, un risultato operativo lordo capiente non integralmente sfruttato per la deduzione. Tale regola si applica anche alle eccedenze oggetto di riporto in avanti, con esclusione di quelle generatesi anteriormente all'ingresso nel consolidato nazionale. Riguardo a queste ultime, le stesse devono essere compensate in via prioritaria con il ROL dell'impresa in capo a cui sono maturate *ante* consolidato.

ESEMPIO 5B *Deducibilità Interessi Passivi e ROL*

Una società di capitali presenta, nel periodo d'imposta 2011, la seguente situazione:

- Interessi passivi = € 300,00;
- Oneri assimilati = € 200,00;
- Interessi attivi = € 100,00.

Per determinare la quota di interessi passivi deducibili, occorre, procedere per step successivi.

1) In primo luogo, è necessario confrontare il valore degli interessi passivi e degli oneri assimilati con quello degli interessi attivi e dei proventi assimilati.

Se:

interessi passivi + oneri assimilati < interessi attivi + proventi assimilati

allora gli interessi passivi sono interamente deducibili e quindi non occorre procedere oltre.

Se:

interessi passivi + oneri assimilati > interessi attivi + proventi assimilati

allora gli interessi passivi sono deducibili fino a concorrenza degli interessi attivi.

Nel nostro esempio:

(€ 300,00) interessi passivi + (€ 200,00) oneri assimilati > (€ 100,00) interessi attivi + (€ 0,00) proventi assimilati

Quindi, gli interessi passivi deducibili, fino a concorrenza degli interessi attivi, sono:

Interessi passivi e oneri assimilati deducibili = interessi attivi = € 100,00 (a)

L'eccedenza è deducibile nei limiti del 30% del ROL. Si passa, dunque, al secondo step.

2) L'eccedenza, che rappresenta il costo netto dell'indebitamento, viene calcolata come differenza tra l'ammontare degli interessi passivi (ed oneri assimilati) e quello degli interessi attivi (e dei proventi assimilati). Nel nostro esempio:

Costo netto indebitamento = (Interessi passivi + Oneri assimilati) – (Interessi attivi + Proventi assimilati) = (€ 300,00 + € 200,00) – € 100,00 = € 400,00 (eccedenza degli interessi passivi)

L'eccedenza, pari a euro 400,00, è deducibile nei limiti del 30% del ROL. Occorre, quindi, calcolare il ROL.

Determinazione del ROL

+	Valore della produzione (A – art. 2425 c.c.)	€ 1.000,00
–	Costi della Produzione (B – art. 2425 c.c.)	€ 500,00
=	Differenza tra valore e costi della produzione A – B	€ 500,00
+	Ammortamenti delle immobilizzazioni materiali (B.10.A) e immateriali (B.10.B)	€ 60,00
+	Canoni di leasing beni strumentali	–
=	ROL (Risultato Operativo Lordo)	€ 560,00

Il 30% del ROL = euro 560,00 (ROL) × 30% = euro 168,00.

Pertanto, l'eccedenza, pari a euro 400,00 potrà essere dedotta solo nei limiti del 30% del ROL, cioè per euro 168,00. Quindi,

Eccedenza di interessi passivi deducibili (fino a concorrenza del 30% del ROL) = € 168,00 (b)

Sommando i due risultati, si ottiene:

Tot. interessi passivi (e oneri assimilati) deducibili (a + b) = € 100,00 + € 168,00 = € 268,00

e per differenza:

Tot. interessi passivi (e oneri assimilati) indeducibili = € 500,00 – € 268,00 = € 232,00

Gli interessi passivi (e gli oneri assimilati) indeducibili in un periodo d'imposta, possono essere dedotti in periodi d'imposta successivi, senza limiti di tempo, a condizione che trovino capienza nel ROL dei successivi periodi d'imposta.

ESEMPIO 5C *Riporto eccedenze interessi passivi indeducibili e ROL*

La stessa società di capitali presenta, nel periodo d'imposta 2012, la seguente situazione:

Interessi passivi = € 200,00;
Interessi attivi = € 50,00.

Seguendo lo stesso procedimento:

(€ 200,00) interessi passivi > (€ 50,00) interessi attivi

Quindi, gli interessi passivi deducibili, fino a concorrenza degli interessi attivi, sono:

Interessi passivi deducibili = interessi attivi = € 50,00 (a)

L'eccedenza, che rappresenta il costo netto dell'indebitamento, si ottiene:

Costo netto indebitamento = € 200,00 – € 50,00 = € 150,00 (eccedenza degli interessi passivi)

L'eccedenza, pari a euro 150,00, è deducibile nei limiti del 30% del ROL. Occorre, quindi, calcolare il ROL.

Determinazione del ROL.

+	Valore della produzione (A – art. 2425 c.c.)	€ 5.000,00
–	Costi della Produzione (B – art. 2425 c.c.)	€ 1.000,00
=	Differenza tra valore e costi della produzione A – B	€ 4.000,00
+	Ammortamenti delle immobilizzazioni materiali (B.10.A) e immateriali (B.10.B)	€ 300,00
+	Canoni di leasing beni strumentali	–
=	ROL (Risultato Operativo Lordo)	€ 3.700,00

Il 30% del ROL = euro 3.700,00 (ROL) × 30% = euro 1.110,00

Pertanto, l'eccedenza, pari a euro 150,00 potrà essere dedotta integralmente, in quanto inferiore a euro 1.110,00. Quindi,

Eccedenza di interessi passivi deducibili (fino a concorrenza del 30% del ROL) = € 150,00 (b)

Sommando i due risultati, si ottiene:

Tot. Interessi passivi deducibili (periodo d'imposta 2012) (a + b) = € 50,00 + € 150,00 = € 200,00

Considerata la possibilità di riportare in avanti l'eccedenza indeducibile dell'esercizio precedente (pari a euro 232,00):

Interessi passivi deducibili (riporto periodo d'imposta 2011) = euro 232,00 (c)

si ottiene l'importo degli interessi passivi complessivamente deducibili nel periodo d'imposta 2012:

Tot. interessi passivi deducibili (a + b + c) = € 50,00 (a)+ € 150,00 (b) + € 232,00 (c) = € 432,00

APPROFONDIMENTI

Dottrina

STEVANATO, *Inerenza «forfetaria» degli interessi passivi*, in *Corr. trib.*, n. 21, 2010, 1678.

BALDACCI, *La deducibilità egli interessi passivi e il principio di inerenza*, in *Riv. dir. fin. sc. fin.*, n. 3, 2011, II, 57.

FERRANTI, *L'attuazione della direttiva Atad 1: il meccanismo di calcolo degli interessi deducibili*, in *Corr. trib.*, 2018, 37, 2803.

TRONCONI-ATTARDI, *Interessi passivi: l'eccedenza di risultato operativo lordo in caso di fusione*, in *Il Fisco*, n. 8, 2018, 730 ss.

VANZ, *"Interest Limitation Rule": principi europei della proporzionalità e dell'uguaglianza e principi costituzionali della capacità contributiva e dell'uguaglianza tributaria*, in *Riv. dir. trib.*, n. 6, 2019, 649 ss.

RONCA-BARCELLONA, *Riflessioni sulla possibilità di riportare a nuovo le eccedenze di interessi attivi nell'ambito delle operazioni di fusione e scissione*, in *Riv. tel. dir. trib.*, 18 aprile 2019.

DEL FEDERICO, *Per la deducibilità degli interessi passivi l'inerenza è irrilevante, ma i limiti posti dal TUIR suscitano dubbi di costituzionalità*, in *Riv. tel. dir. trib.*, 11 maggio 2020.

Giurisprudenza

Cass., Sez. trib., 19 maggio 2010, n. 12246, in *Riv. dir. fin. sc. fin.*, n. 3, 2011, II, 57 ss.: "*Ai fini della determinazione del reddito d'impresa, gli interessi passivi, a mente dell'art. 75, comma 5, del t.u.i.r. – D.P.R. n. 917/1986 (applicabile ratione temporis, v. ora art. 109, comma 5) e a differenza della precedente normativa contenuta nell'art. 74 del D.P.R. n. 597/1973, sono sempre deducibili, anche se nei soli limiti della disciplina dettata dall'art. 63 del t.u.i.r. (applicabile ratione temporis, v. ora art. 96), che indica misura e modalità del calcolo degli interessi passivi deducibili in via generale, senza che sia necessario operare alcun giudizio di inerenza. Non spetta, infatti, tanto all'imprenditore, quanto all'Amministrazione finanziaria dimostrare che gli interessi passivi afferiscono a finanziamenti contratti per la produzione di specifici ricavi, dovendo invece essere correlati all'intera attività dell'impresa esercitata. Gli interessi passivi, invero, sono oneri generati dalla funzione finanziaria che afferiscono all'impresa nel suo essere e progredire, e dunque non possono essere specificamente riferiti ad una particolare gestione aziendale o ritenuti accessori ad un particolare costo*".

Cass., Sez. trib., 25 novembre 2011, n. 24930, in *Corr. trib.*, n. 3, 2012, 157: "*Gli interessi passivi, ai fini della deducibilità dal reddito d'impresa, devono tradursi in oneri generati dalla funzione finanziaria a sostegno dell'attività aziendale, ovverosia devono afferire all'impresa nel suo essere e progredire sul piano economico e reddituale. Tali interessi devono, in altri termini, necessariamente tradursi in costi funzionali alla produzione del reddito di impresa. Se ne deve inferire che gli interessi passivi moratori sono deducibili esclusivamente se l'operazione cui accedono, per sua natura, sia rapportabile ai ricavi prodotti dall'attività aziendale. Siffatta deducibilità deve, per contro, escludersi nelle ipotesi in cui detti interessi non scaturiscano da un'operazione potenzialmente idonea a produrre utili, come nel caso – ricorrente nella fattispecie in esame – in cui ci si trovi in presenza di interessi moratori dovuti in conseguenza dell'omesso o del tardivo versamento di somme dovute dall'impresa*".

Cass., Sez. trib., 14 maggio 2014, n. 10501, in *Giust. civ.*, 2014: "*Ai fini della determinazione del reddito d'impresa, gli interessi passivi, ai sensi dell'art. 75, comma 5, del d.P.R. 22 dicembre 1986, n. 917, ed a differenza della precedente normativa contenuta nell'art. 74, del d.P.R. 20 settembre 1973, n. 597, sono sempre deducibili, anche se nei limiti di cui all'art. 63 (ora 96) del detto d.P.R. n. 917 del 1986, che indica misura e modalità del calcolo degli interessi passivi deducibili in via generale, senza che sia necessario operare alcun giudizio di inerenza*".

Cass., Sez. trib., 26 giugno 2014, n. 21467, in *Il Fisco*, 2014, n. 42, 4182, in *Corr. trib.*, n. 46, 2014, 3577 (il testo integrale è riportato nella sezione "**Casi**"): "*Ai fini della determinazione del reddito d'impresa, gli interessi passivi sono sempre deducibili, anche se nei limiti della disciplina di riferimento, senza che sia necessario operare alcun giudizio di inerenza. Resta precluso, infatti, tanto all'imprenditore quanto all'Amministrazione finanziaria, dimostrare che gli interessi passivi afferiscono a finanziamenti* *contratti per la produzione di specifici ricavi, dovendo invece essere correlati all'intera attività dell'impresa esercitata*".

Cass., Sez. trib., 20 luglio 2018, n. 19430, in *Il Fisco*, n. 36, 2018, 3649 ss.: "*La precisazione aggiunta all'art. 109, comma 5, del t.u.i.r., secondo cui 'le spese e gli altri componenti negativi diversi dagli interessi passivi, tranne gli oneri fiscali, contributivi e di utilità sociale, sono deducibili se e nella misura in cui si riferiscono ad attività o beni da cui derivano ricavi od altri proventi che concorrono a formare il reddito', indica la chiara volontà legislativa di riconoscere un trattamento differenziato per gli interessi passivi rispetto ai vari componenti negativi del reddito di impresa, nel senso che il diritto alla deducibilità va riconosciuto sempre, senza alcun giudizio sulla inerenza, purché nei limiti quantitativi riconosciuti dall'art. 63 del T.U.I.R*".

Cass., Sez. trib., 27 febbraio 2020, n. 5332, in *Riv. dir. trib.*, supplemento on line, 11 maggio 2020 (**il testo è riportato nella sezione "CASI"**): "*Ai fini della determinazione del reddito d'impresa, gli interessi passivi, ai sensi dell'art. 109, comma 5, del TUIR 22.12.1986 n. 917, sono sempre deducibili, anche se nei limiti di cui all'art. 96 TUIR, che indica misura e modalità del calcolo degli interessi passivi deducibili in via generale, senza che sia necessario operare alcun giudizio di inerenza*".

Prassi

Ris. Ag. Entr., 12 aprile 2011, n. 42/E, in *Banca Dati BIG, IPSOA* (*Riporto degli interessi passivi indeducibili nelle operazioni di fusione e scissione relative a società in regime di consolidato fiscale nazionale*).

Circ. Assonime, 27 giugno 2018, n. 15, in *Corr. trib.*, n. 34, 2018 (*Deducibilità degli interessi passivi per le holding con partecipate estere*).

Ris. Ag. Entr., 11 luglio 2019 n. 67/E, in *Banca Dati BIG*, IPSOA (*Trasferimento alla fiscal unit di eccedenze di interessi passivi, indeducibili nel periodo di imposta, in presenza di perdite fiscali pregresse all'ingresso nel consolidato*) (**il testo è riportato nella sezione "CASI"**).

Casi e Materiali

Per i documenti concernenti i *Casi* ed i *Materiali*, si rinvia ai contenuti telematici inseriti nella parte on line del Volume (§ 5 dei *Casi*; §§ 17, 18 e 19 dei *Materiali*).

6. AMMORTAMENTI

Sommario: Premessa. – 1. L'ammortamento dei beni materiali. – 2. L'ammortamento dei beni immateriali. – 3. Il *leasing*.

Premessa

La **funzione** ordinaria del procedimento di ammortamento sorge in quanto esistono alcuni beni, c.d. "**a fecondità ripetuta**", che si contraddistinguono per il carattere pluriennale del loro impiego nel ciclo produttivo: emerge, quindi, la necessità di distribuirne il costo negli esercizi in cui sono utilizzati dall'impresa.

Guardando al patrimonio aziendale, i beni ammortizzabili sono le immobilizzazioni materiali e quelle immateriali. Il codice civile prevede, infatti, che il costo delle immobilizzazioni materiali o immateriali, la cui utilizzazione è limitata nel tempo, deve essere sistematicamente ammortizzato in ogni esercizio in relazione con la loro residua possibilità di utilizzazione (art. 2426 c.c.).

In termini analoghi, lo Ias16 prevede che il valore ammortizzabile di un bene facente parte della classe degli immobili, degli impianti e dei macchinari, debba essere sistematicamente ammortizzato durante la vita utile del bene stesso.

Secondo la **disciplina civilistica e contabile**, dunque, le quote di ammortamento sono determinate in base ad una stima circa il periodo in cui il bene genera utilità per l'impresa, stima rimessa alla libera valutazione dell'imprenditore.

Sotto il **profilo fiscale**, l'ammortamento deve essere contestualizzato alla luce dei principi di competenza e di correlazione, alla stregua dei quali i costi devono essere imputati negli esercizi nei quali si manifestano i ricavi che hanno concorso a produrre. L'ammortamento è, in sostanza, una tecnica per abbinare i costi la cui utilità si estende a più esercizi ai relativi ricavi, facendo "slittare" i primi dall'esercizio in cui vengono effettivamente sostenuti a quello in cui vengono conseguiti i ricavi che hanno concorso a produrre.

1. L'ammortamento dei beni materiali

L'ammortamento dei beni materiali è ammesso, esclusivamente, per i **beni strumentali** all'esercizio dell'impresa, intendendosi quelli che vengono utilizzati nel processo produttivo direttamente dagli esercenti attività d'impresa e che ne hanno il possesso a titolo di proprietà o altro diritto reale. Sono poi considerati beni strumentali gli immobili relativi ad imprese commerciali che per loro caratteristiche non sono suscettibili di diversa utilizzazione senza radicali trasformazioni, ai sensi dell'art. 43, co. 2, t.u.i.r.; non sono, invece, ammortizzabili gli immobili che concorrono alla formazione del reddito d'impresa secondo regole catastali.

Le norme tributarie, a differenza di quelle civili, per assicurare la **certezza** e la **stabilità** del rapporto tributario, individuano il limite massimo di deducibilità delle **quote di ammortamento** in ragione del tipo di bene: ai sensi dell'art. 102, co. 2, t.u.i.r., tale limite è individuato da specifici coefficienti stabiliti con **Decreto del Ministro delle e Economie e delle Finanze**, in base al presumibile periodo di deperimento e consumo nei vari settori produttivi. I beni non espressamente previsti nelle tabelle ministeriali possono essere ammortizzati, qualora qualificabili come beni strumentali, in base ai coefficienti previsti per i beni appartenenti ad altri settori produttivi che presentano le stesse caratteristiche.

Il limite massimo dell'ammortamento deducibile è, quindi, determinato dall'applicazione dei suddetti coefficienti, ridotti alla metà nel primo esercizio; non è, invece, previsto un limite minimo di ammortamento.

Sotto il profilo temporale, le quote di ammortamento sono deducibili a partire dall'esercizio di **entrata in funzione** del bene: rileva, quindi, secondo l'orientamento maggioritario, l'effettiva immissione del cespite ne ciclo produttivo, e non la mera idoneità all'utilizzo.

Oggetto di ammortamento è il costo storico del bene, determinato osservando le regole di cui all'art. 110 del t.u.i.r. Nel caso in cui l'ammortamento abbia inizio in un periodo di imposta inferiore o superiore ai dodici mesi, si ritiene che anche la riduzione dell'ammortamento alla metà prevista per il primo esercizio di entrata in funzione debba essere ragguagliata come prescritto dall'art. 110, co. 5, t.u.i.r.

Per i beni il cui costo unitario non supera i 516,46 euro è ammessa la deduzione integrale delle spese nell'esercizio in sui sono sostenute, per ragioni di semplificazione.

In linea di principio, i terreni non sono ammortizzabili in quanto non suscettibili di deperimento e consumo, salvo ipotesi eccezionali.

L'eventuale differenza tra quota di ammortamento deducibile ai **fini civilistici** rispetto a quella **fiscalmente riconosciuta** determinerà la necessità di operare attraverso il **meccanismo delle variazioni in aumento o in diminuzione**. Se, infatti, la quota di ammortamento imputata in bilancio è maggiore rispetto a quella fiscalmente deducibile, l'eccedenza darà luogo ad una variazione in aumento in sede di dichiarazione (quadro RF, rigo 22 del Modello Unico società di capitali; quadro RF, rigo 17 del Modello Unico persone fisiche, per i quali si rinvia alla sezione Materiali *on line*); a partire poi dal primo esercizio successivo a quello in cui cessa l'ammortamento civilistico si procederà con variazioni in diminuzione non superiori al limite fiscalmente ammesso.

Diversamente, nel caso in cui la quota imputata in bilancio sia inferiore a quella fiscalmente deducibile, il principio di previa imputazione a conto economico impedisce l'ammortamento fiscale dell'eccedenza ed i due ammortamenti procederanno, pertanto, parallelamente.

Da ultimo, la tecnica dell'ammortamento viene utilizzata dal legislatore per introdurre fattispecie agevolative (ad esempio, c.d. **super ammortamento**) per incentivare l'acquisto di beni strumentali nuovi: si consente, di fatto, la maggiorazione del costo fiscalmente riconosciuto di tali beni, con conseguente imputazione di quote di ammortamento più elevati.

ESEMPIO 6A *Ammortamento delle immobilizzazioni materiali*

La copisteria Alfa, nel corso dell'esercizio n. 1, acquista una nuova fotocopiatrice di costo pari a 1.120 euro da Beta s.r.l., la quale provvede direttamente al trasporto e all'installazione del bene, addebitando spese per ulteriori 80 euro.

Alfa stima di stampare con tale macchinario, in media, 100.000 copie l'anno. Considerando che in base ai requisiti tecnici, la fotocopiatrice ha una vita potenziale tale da produrre 400.000 copie, Alfa prevede per il bene una vita utile di 4 anni e procede, così, ad un piano di ammortamento secondo quote costanti.

Euro (1.200 : 4) = 300 euro

La quota costante si ottiene dividendo il valore da ammortizzare (costo di acquisto + oneri di diretta imputazione) per il numero di anni di durata utile del bene. Nell'esempio il valore da ammortizzare sarà, dunque, di 1.200 euro e la quota ammortizzabile di 300 euro.

Il piano di ammortamento sarà pertanto:

Anno	Quota di ammortamento	Fondo ammortamento	Valore residuo
n. 1	300	300	900
n. 2	300	600	600
n. 3	300	900	300
n. 4	300	1.200	0

Fiscalmente, il decreto ministeriale 31 dicembre 1988, prevede che le copisterie possano dedurre per le macchine d'ufficio elettromeccaniche/elettroniche un coefficiente massimo del 20%, ridotto alla metà per il primo periodo di imposta. Di conseguenza, il periodo minimo di ammortamento fiscale della fotocopiatrice sarà di 6 anni, come da seguente prospetto:

Anno	Quota ammortamento imputata a conto economico	Quota ammortamento fiscalmente riconosciuta	Variazioni
n. 1	300	120	180 in aumento
n. 2	300	240	60 in aumento
n. 3	300	240	60 in aumento
n. 4	300	240	60 in aumento
n. 5	0	240	240 in diminuzione
n. 6	0	120	in diminuzione

2. L'ammortamento dei beni immateriali

Nonostante l'art. 103 sia rubricato "Ammortamento dei beni immateriali", la norma, invero, disciplina l'ammortamento di quelle che, secondo la disciplina contabile, costituiscono immobilizzazioni immateriali e che, non necessariamente, individuano beni giuridici. Secondo l'orientamento dominante, infatti, avviamento e *know-how*, pur annoverati tra le immobilizzazioni immateriali, non sono, però, definibili come beni. Sarebbe, pertanto, più corretto parlare di ammortamento delle immobilizzazioni immateriali.

Ad ogni modo, la disciplina contabile impone il sistematico ammortamento del costo delle **immobilizzazioni immateriali**, in considerazione della loro utilità pluriennale: al termine di ciascun esercizio, pertanto, dovrà essere prudentemente valutata la residua possibilità di utilizzazione.

La disciplina fiscale, invece, pare svincolare le quote di ammortamento dell'effettiva utilizzazione nel processo produttivo, tanto che manca qualsivoglia riferimento alla decorrenza dell'ammortamento, individuabile nel momento in cui è acquisito il diritto, e non già in quello in cui lo stesso è effettivamente impiegato.

Il legislatore tributario raggruppa, poi, tali immobilizzazioni in tre categorie, dettando, per ciascuna, una differente disciplina.

Le quote di ammortamento del costo dei diritti di cui all'art. 103, co. 1, t.u.i.r. sono deducibili nella determinazione del reddito d'impresa in misura non superiore al 50% del costo: il periodo di ammortamento non può, dunque, essere inferiore a due esercizi, mentre nulla vieta che sia superiore. Solo il costo dei marchi è deducibile in misura non superiore ad un diciottesimo.

Il co. 2 dell'art. 103 prevede, invece, che le quote di ammortamento del costo dei diritti di concessione e degli altri diritti iscritti all'attivo del bilancio sono deducibili in misura corrispondente alla durata dei diritti medesimi prevista dal contratto o dalla legge. La prassi, tuttavia, attribuisce rilievo anche alla durata economica del diritto: de quest'ultima, infatti, è superiore alla durata legale o contrattuale, si assume a base di calcolo la seconda; se, invece, la durata economica è inferiore, si dovrà assumere nel calcolo l'utilizzazione economica.

Da ultimo, il co. 3 disciplina l'avviamento, in modo simmetrico al marchio, imponendone, pertanto, la deducibilità in misura non superiore ad un diciottesimo del valore.

ESEMPIO 6B *Ammortamento dell'avviamento*

La nota pasticceria Alfa, nell'esercizio n. 1, cede a Beta s.r.l. uno dei propri laboratori per la produzione di prodotti dolciari per 1.000.000 euro. Il valore corrente dei singoli beni del ramo d'azienda ceduto (immobile, macchina per biscotti, macchina dosatrice, macchina colatrice ...) è pari a 600.000 euro. L'eccedenza del costo di acquisto (400.000 euro) rispetto al valore corrente dei singoli beni del patrimonio aziendale può essere iscritta a titolo di avviamento, definito dal principio contabile n. 24 come attitudine dell'azienda a produrre utili in misura superiore a quella ordinaria e, dalla dottrina, come capacità dell'azienda di generare benefici economici futuri.

Secondo la disciplina civilistica ed i principi contabili nazionali l'ammortamento dell'avviamento deve avvenire sistematicamente, preferibilmente per quote costanti, per un periodo non superiore a 5 anni (è consentito un periodo di maggior durata, in ogni caso non superiore a 20 anni, qualora sia ragionevole supporre che la vita utile dell'avviamento sia senz'altro superiore ai 5 anni e specificandone le ragioni in nota integrativa).

Anche il sistema civilistico, pertanto, non rimette alla libera valutazione dell'impresa l'individuazione della "vita utile" dell'avviamento (ovvero del tempo in cui l'avviamento concorre alla produzione di ricavi) ma si preoccupa di predeterminarla rigorosamente.

Anno	Quota ammortamento imputata a conto economico	Quota ammortamento fiscalmente riconosciuta	Variazioni
n. 1	80.000	22.222	55.778 in aumento
n. 2	80.000	22.222	55.778 in aumento
n. 3	80.000	22.222	55.778 in aumento
n. 4	80.000	22.222	55.778 in aumento
n. 5	80.000	22.222	55.778 in aumento

Il t.u.i.r., invece, consente di dedurre quote di ammortamento del valore di avviamento in misura non superiore ad 1/18 del valore. È, dunque, un tipico esempio di disallineamento tra regole civili e fiscali.

Nei primi 5 esercizi, pertanto, sarà necessario operare attraverso il meccanismo delle variazioni in aumento in sede di dichiarazione dei redditi.

Dall'esercizio n. 6 all'esercizio n. 18, invece, si apporteranno in ciascun esercizio variazioni in diminuzione di euro 22.222.

3. Il *leasing*

In riferimento ai beni concessi in leasing, occorre, in primo luogo, distinguere il criterio di contabilizzazione prescelto dall'impresa e, in secondo luogo, la posizione dell'impresa concedente e di quella utilizzatrice.

La prassi contabile italiana predilige, ai fini della rilevazione dell'operazione in bilancio, il c.d. **metodo patrimoniale**: il bene oggetto di leasing risulta tra le attività dell'impresa concedente che procede ad ammortizzare; parallelamente, imputa i canoni percepiti a conto economico come ricavi. L'impresa utilizzatrice, in modo speculare, imputa i canoni a conto economico tra i costi d'esercizio. I beni in leasing non vengono, pertanto, iscritti, nello stato patrimoniale dell'utilizzatore e sono inseriti, unitamente al relativo indebitamento, soltanto nella nota integrativa (art. 2424 c.c. e ss.).

I **principi contabili internazionali**, invece, prevedono, a partire dai bilanci 2019, un nuovo metodo di rilevazione che supera la precedente distinzione tra leasing finanziario (ossia quello che, al termine del contratto, comporta l'acquisto del bene da parte dell'utilizzatore) e operativo (quello per il quale il bene non viene acquistato dall'utilizzatore ma è, sostanzialmente, locato). In particolare, il nuovo principio (**Ifrs 16**) unifica il trattamento contabile dell'utilizzatore che iscrive in bilancio il **diritto all'utilizzo dell'attività (Rou)** e la relativa passività (debito). Così, se il leasing trasferisce la proprietà dell'attività sottostante al locatario al termine della durata del leasing o se il costo del Rou riflette il fatto che il locatario eserciterà l'opzione di acquisto, questi ammortizza il diritto di utilizzo fino al termine della vita utile dell'attività sottostante. In caso contrario, il locatario ammortizza il Rou dalla data di decorrenza alla fine della vita utile del Rou o, se anteriore, al termine della durata del contratto di leasing.

La disciplina tributaria, invece, ha re-introdotto, per le imprese che adottano gli Ias, la differenza tra ex **leasing finanziari** ed ex **leasing operativi**, soppressa dai principi contabili internazionali (Decreto MEF del 5 agosto 2019, G.U. n. 191 del 16 agosto 2019).

Ai soli fini tributari, pertanto, in caso di trasferimento della proprietà, il Rou è ammortizzato in base agli artt. 102, 102 *bis* e 103 del Tuir e si applicano le regole fiscali relative all'ammortamento dei beni materiali (artt. 102 e 102 *bis*) e immateriali (art. 103), compresa l'inclusione del Rou nel registro dei beni ammortizzabili.

Se, invece, il leasing non prevede il trasferimento dell'attività all'utilizzatore, si applicano le disposizioni fiscali relative all'ammortamento dei beni immateriali di cui all'art. 103, co. 2, Tuir che hanno riguardo alla durata di utilizzazione prevista dal contratto.

Pertanto, per individuare il trattamento fiscale, è indispensabile l'analisi giuridica delle clausole contrattuali, al fine di stabilire se il leasing determini o meno il trasferimento della proprietà all'utilizzatore.

Per le imprese che redigono il bilancio in base ai principi contabili nazionali, invece, non vi è stato alcun mutamento della disciplina civilistica. Ai fini tributari, in ogni caso, l'ammortamento del costo non è rapportato alla vita utile del bene ma alla durata del contratto di leasing, spalmando il costo nell'arco di tempo in cui l'impresa concedente percepisce i canoni di leasing (ricavi).

L'impresa utilizzatrice può, invece, includere i canoni tra i componenti negativi di reddito e, a prescindere dalla durata contrattuale prevista, la deduzione è ammessa per un periodo non inferiore alla **metà del periodo di ammortamento** corrispondente al coefficiente ministeriale applicabile.

Per i **beni immobili**, la deduzione è ammessa per un periodo non inferiore a dodici anni.

ESEMPIO 6C *Acquisto,* leasing e *noleggio*

Il calzaturificio Tacco d'Oro s.r.l. deve sostituire la propria macchina di conceria perché danneggiata irrimediabilmente. In particolare, necessita di un macchinario di costo pari a 60.000 euro e deve valutare se, sotto il profilo fiscale, risulta più conveniente acquistarlo, prenderlo in leasing, ovvero noleggiarlo. Dal punto di vista aziendale è, infatti, opportuno, valutare le diverse opzioni di utilizzo del bene (acquisto, leasing ovvero noleggio), in quanto ciascuna ha il suo specifico pregio.

– $6C_1$ *Acquisto a titolo di proprietà*

Il decreto ministeriale 31 dicembre 1988 prevede che i calzaturifici possano dedurre per tali macchinari, in ciascun esercizio, una quota massima pari a 17.5% del valore, ridotta alla metà per il primo esercizio. Di conseguenza, assumendo che il Tacco d'Oro s.r.l. decida di ammortizzare la quota massima in ciascun esercizio, il piano di ammortamento risulterà come da seguente prospetto:

Anno	Quota ammortizzabile	Residuo
n. 1	5.250	54.750
n. 2	10.500	44.250
n. 3	10.500	33.750
n. 4	10.500	23.250
n. 5	10.500	12.750
n. 6	10.500	2.250
n. 7	2.250	0

– 6C₂ *Acquisto in* leasing

In alternativa, il Tacco d'oro s.r.l. può acquistare il bene in leasing da Alfa Lease s.r.l. con un contratto di durata quadriennale e canoni pari a 15.000 euro.

In questa ipotesi, il costo complessivo dell'operazione sarà maggiore in quanto il Tacco d'oro s.r.l. dovrà corrispondere Alfa Lease s.r.l. anche gli interessi, i quali soggiacciono ai limiti di deducibilità di cui all'art. 96 del t.u.i.r. (cfr. capitolo 5). Tuttavia, ipotizzando che Tacco d'Oro s.r.l. adotti i principi contabili nazionali, potrà dedurre i canoni pagati ad Alfa Lease s.r.l. in un periodo più breve rispetto a quello *sub* ***6C₁***. La durata del contratto, infatti, è maggiore rispetto alla durata minima prevista dal t.u.i.r. per la deduzione (ossia la metà del periodo di ammortamento risultante dal corrispondente coefficiente).

Se, invece, il contratto di leasing avesse durata biennale, e, dunque, inferiore alla durata minima prevista dal t.u.i.r., il Tacco d'Oro s.r.l. potrebbe dedurre i canoni di leasing in un periodo di tempo maggiore rispetto a quello di imputazione a conto economico e coincidente con la metà della durata dell'ammortamento.

Anno	Canone deducibile
n. 1	15.000
n. 2	15.000
n. 3	15.000
n. 4	15.000

– 6C₃ *Noleggio*

Come terza opzione, il Tacco d'Oro s.r.l. potrebbe noleggiare il macchinario. In questo caso, il legislatore fiscale non pone vincoli alla deducibilità dei canoni che saranno, quindi, normali costi d'esercizio.

Qualora Tacco d'Oro s.r.l. prevedesse di utilizzare il macchinario per non più di 2 anni, ad esempio, risulterebbero fiscalmente sconvenienti tanto l'opzione sub **6C₁** (che costringerebbe ad un periodo di ammortamento di 7 esercizi), quanto quella sub **6C2** (poiché si dovrebbe allungare il piano di deduzione dei canoni di leasing, essendo la durata del contratto inferiore alla metà dell'ammortamento ordinario).

– 6C4 *Osservazioni conclusive all'esercizio*

La convenienza fiscale delle varie opzioni deve, quindi, essere contestualizzata, tenendo conto delle specifiche esigenze dell'impresa (è scontato, infatti, che un'impresa in perdita non ha alcun interesse ad accelerare il periodo di ammortamento) e di ulteriori circostanze. È, infatti, verosimile ritenere che il costo complessivo dell'operazione di leasing, includendo anche gli interessi da corrispondere alla società di leasing, sia certamente maggiore dell'acquisto puro e semplice. Considerazioni analoghe possono riproporsi anche con riferimento al noleggio, visto che normalmente il noleggiante imporrà canoni annuali più elevati rispetto alla quota ammortizzabile.

Al maggior "costo" del leasing e del noleggio, tuttavia, si accompagna la possibilità di dedurre quote maggiori in un minor numero di esercizi: nel primo caso, con il limite di durata pari alla metà dell'ammortamento ordinario; senza alcun limite, invece, nel secondo.

Dovrà, quindi, valutarsi sia il periodo di presumibile utilizzo del bene nel ciclo produttivo, sia l'eventuale necessità di attingere a finanziamenti esterni, posto che in tal caso l'impresa sopporterà, altresì, il costo del finanziamento (interessi passivi) e, dunque, i limiti del t.u.i.r. alla deducibilità degli interessi passivi (cfr. capitolo 5). Potrebbero allora risultare più convenienti le ipotesi di leasing o di noleggio rispetto all'opzione acquisto con contestuale finanziamento.

APPROFONDIMENTI

Dottrina

CONTRINO, *Quali modifiche alla deducibilità dell'ammortamento di beni materiali e dei canoni di leasing?*, in *Corr. trib.*, 2009, 13, 1027.

NUSSI, *Per un ripensamento sistematico dell'ammortamento di avviamento, marchi e beni immateriali*, in *Corr. trib.*, 2009, 13, 1033.

CIMINO, *Cessione del marchio d'impresa tramite il contratto di leasing: profili fiscali*, in *Riv. trim. dir. trib.*, 2013, 3, 523.

S. GIORGI, *L'ammortamento tra sistema e agevolazione: quale modello in tempi di crisi?*, in *Innovazione e Diritto*, 2015, 3.

RICCI, *Le novità fiscali in materia di leasing valorizzano la sostanza del contratto*, in *Tax News*, 2020, 1, on line.

CROVATO, *Una cornice di riferimento per l'ammortamento dei terreni d'impresa*, in *Riv. dir. trib.*, Supplemento on line del 25 maggio 2020.

Giurisprudenza

Cass., Sez. trib., 1° luglio 2015, n. 13481, in *Banca Dati IPSOA*, "*Nel sistema conseguente all'entrata in vigore dell'IRES è stato, in effetti, riproposto unicamente il limite massimo relativo alle quote di ammortamento ammesse in deduzione ... (omissis)...*

mentre non è più previsto alcun ammontare minimo di iscrizione delle quote medesime. La durata del processo d'ammortamento dovrà, dunque, essere almeno pari al periodo minimo stabilito in via normativa, restando affidata alla discrezionalità del contribuente la scelta della durata massima del piano d'ammortamento".

Cass., Sez. trib., 16 novembre 2018, n. 29529, in *Banca Dati IPSOA* e in *Tax News* con nota di S. Giorgi, *Ammortamento del software: riflessioni su beni immateriali e "proprietà"* (**il testo è riportato nella sezione on line, CASI**): "*Il caso dell'acquisto di un software applicativo adeguato alle esigenze aziendali, è riconducibile all'art. 68 TUIR (ora 103 t.u.i.r.) e, dunque, soggetta alla disciplina dell'ammortamento*".

Cass., Sez. trib., 5 dicembre 2019, n. 31781, in *Banca Dati IPSOA*: "*Il procedimento di ammortamento, ossia di deduzione frazionata del costo, presuppone logicamente che il bene materiale strumentale che estende la propria durata lungo più esercizi, sia comunque un bene soggetto a consumo ed esaurimento nel tempo della propria utilità; pertanto l'ammortamento non può in linea generale riguardare il costo di beni quali il terreno che, per sua natura, ha una ha una durata d'uso illimitata. In tal senso l'art. 2426 c.c., punto 2, prevede che la procedura di ammortamento si applica alle immobilizzazioni materiali la cui durata 'è limitata nel tempo', quindi con esclusione dei terreni su cui insistono i fabbricati, la cui utilizzazione non patisce limitazioni temporali, secondo un principio valevole anche in ambito fiscale*".

Cass., Sez. trib., 13 febbraio 2020, n. 3618, in *Banca Dati IPSOA* (**il testo è riportato nella sezione on line, CASI**): "*Ai fini della determinazione del reddito di impresa, la deduzione delle quote di ammortamento del costo dei beni strumentali deve avvenire in base alle inderogabili regole civilistiche di redazione del bilancio, operanti, in difetto di disposizioni specifiche di segno contrario, anche a fini fiscali. Ne consegue che, in sede di dichiarazione, il contribuente non può procedere discrezionalmente alla determinazione delle quote di ammortamento, giacché, stante la previsione dell'art. 2426, comma 1, n. 2, c.c., l'ammortamento deve essere necessariamente improntato al criterio di sistematicità e le quote di ammortamento, dovendo essere rapportate in modo tendenzialmente uniforme alla durata normale di utilizzazione dei beni strumentali, non possono, in assenza di adeguata esposizione della relativa giustificazione economica nella nota integrativa di bilancio, variare in relazione alle diverse annualità. Sul piano fiscale, il D.P.R. 22 dicembre 1986, n. 917, art. 102, comma 2, (t.u.i.r.), lungi dal rimettere la gestione degli ammortamenti alla discrezionalità del contribuente e dal costituire deroga al principio sopra esposto, vincola strettamente detta gestione, anche sotto il profilo della competenza (art. 109, t.u.i.r.), a rigorosi parametri quantitativi, temporali e di bilancio. L'ingiustificata adozione di un regime di ammortamento diverso da quello prescritto, implicando una deduzione non consentita, comporta l'indebita alterazione della stessa base imponibile*".

Prassi

Ris. Ag. Entr., 17 giugno 2005, n. 78/E, in *www.agenziaentrate.it* (*Rapporti tra ammortamento civilistico e tributario*).

Ris. Ag. Entr., 16 maggio 2008, n. 196/E, in *Il Fisco*, 2008, 21, 3906 (*Ammortamento dei beni dell'impresa nella disponibilità di terzi, nella specie concessi in comodato*).

Circ. Ag. Entr., 14 maggio 2014, n. 10/E, in *www.agenziaentrate.it* (*Periodo di deduzione minimo dei canoni di leasing di veicoli concessi in uso promiscuo a dipendenti*).

Ris. Ag. Entr., 7 settembre 2020, n. 317, in *www.agenziaentrate.it* (*Regime di ammortamento applicabili alle indennità di portafoglio*).

Ris. Ag. Entr., 15 dicembre 2020, n. 586, in *www.agenziaentrate.it* (*Coefficiente di ammortamento applicabile ad investimenti in beni strumentali nuovi*).

Casi e Materiali

Per i documenti concernenti i *Casi* ed i *Materiali*, si rinvia ai contenuti telematici inseriti nella parte on line del Volume (§ 6 dei *Casi*; §§ 18-19 dei *Materiali*).

7. ACCANTONAMENTI

Sommario: Premessa. – 1. Gli accantonamenti nel reddito d'impresa. – 2. Accantonamenti di quiescenza e previdenza. – 3. Accantonamenti per rischi su crediti. – 4. Altri accantonamenti.

Premessa

La **funzione** degli **accantonamenti** è specificata nel co. 3, dell'art. **2424 *bis* c.c.** il quale prevede che "gli accantonamenti per rischi ed oneri sono destinati soltanto a coprire perdite o debiti di natura determinata, di esistenza certa o probabile, dei quali tuttavia alla chiusura dell'esercizio sono indeterminati o l'ammontare o la data di sopravvenienza".

In base alla natura certa o probabile delle passività oggetto degli accantonamenti, è possibile distinguere accantonamenti per **passività certe**, delle quali alla data di chiusura dell'esercizio sono indeterminati o l'ammontare o la data di sopravvenienza ed accantonamenti per **passività** la cui esistenza è solo **probabile**, essendo irrilevante il fatto che alla chiusura dell'esercizio siano indeterminati l'ammontare o la relativa data di sopravvenienza.

I primi, che contribuiscono alla formazione dei fondi oneri, consistono in costi, spese e perdite di competenza dell'esercizio in corso per obbligazioni già assunte alla data di bilancio od altri eventi già verificatisi (maturati) alla stessa data ma non ancora definiti esattamente nell'ammontare o nella data di estinzione. Si tratta, quindi, di obbligazioni che maturano con il passare del tempo o che sorgono con il verificarsi di un evento specifico dell'esercizio in corso, ovvero di perdite che si riferiscono ad un evento specifico verificatosi nell'esercizio in corso, le quali non sono ancora definite esattamente nell'ammontare ma che comportano un procedimento ragionieristico di stima.

A titolo esemplificativo possono essere annoverati tra i fondi oneri: – *fondo garanzia prodotti;* – *fondo manutenzione ciclica;* – *fondo per operazioni e concorsi a premio;* – *fondo manutenzione e ripristino dei beni gratuitamente devolvibili e dei beni di azienda ricevuta in affitto;* – *fondo per costi per lavori su commessa;* – *fondo per copertura perdite di società partecipate;* – *fondo recupero ambientale;* – *fondo per indennità suppletiva di clientela;* – *fondo per prepensionamento e ristrutturazioni aziendali.*

Rientra nell'ampia categoria dei fondi oneri il "*Fondo trattamento di fine rapporto di lavoro subordinato*" che, tuttavia, trova una propria e differenziata collocazione nel bilancio civilistico. Peraltro, la determinazione del valore dell'accantonamento è fissato nell'art. 2424 *bis*, co. 4, c.c. il quale prevede che nella voce: "trattamento di fine rapporto di lavoro subordinato" deve essere indicato l'importo calcolato a norma dell'art. 2120.

Gli accantonamenti per **passività potenziali** (probabili) concorrono alla formazione di veri propri fondi rischi e si caratterizzano per essere correlati a passività incerte le quali, al verificarsi o meno di uno o più eventi futuri, potranno concretizzarsi per l'impresa in una perdita, confermando il sorgere di una passività o la perdita parziale o totale di un'attività.

Sono fondi rischi quelli creati per far fronte ad eventuali oneri derivanti da procedimenti giudiziari iniziati o in corso al termine dell'esercizio, da inosservanza di una clausola contrattuale o di una norma di legge, da rischi non assicurati, ecc.

In pratica, **civilisticamente l'impresa è libera di creare fondi a copertura di rischi determinati** purché sussista la probabilità che l'evento futuro si realizzi ed è possibile stimare l'entità dell'onere con sufficiente ragionevolezza. Ne deriva che non è possibile effettuare accantonamenti per rischi generici. Gli stanziamenti per rischi generici sono in contrasto con i postulati del bilancio d'esercizio in quanto non si riferiscono a situazioni e condizioni che alla data del bilancio hanno originato una passività effettiva o che hanno determinato a quella data il deterioramento o la perdita di un'attività. A fronte di tali rischi possono però essere destinate apposite riserve di utili da costituirsi in sede di riparto degli utili e che sono pertanto classificate tra le voci di patrimonio netto.

Diversamente dalla disciplina civile, **in ambito fiscale** vige il principio della **tassatività degli accantonamenti deducibili** a copertura di rischi ed oneri. In particolare **l'art. 107, co. 4, d.p.r. n. 917/1986 (t.u.i.r.)**, stabilisce che non sono ammesse deduzioni per accantonamenti diversi da quelli espressamente considerati dalle disposizioni relative alla determinazione del reddito d'impresa.

Gli oneri relativi a tali accantonamenti sono, quindi, deducibili esclusivamente se e nella misura in cui sono effettivamente sostenuti. In tale ipotesi, occorre procedere alla ripresa a tassazione degli stessi parallelamente al relativo stanziamento a Conto economico, effettuando una variazione in aumento del risultato d'esercizio di importo pari all'accantonamento ancora non utilizzato al termine del periodo d'imposta.

Nel periodo d'imposta di effettivo sostenimento dell'onere, diverso da quello di accantonamento al fondo, all'atto dell'utilizzo dello stesso occorrerà apportare una variazione in diminuzione nella dichiarazione dei redditi, ai sensi dell'art. 109, co. 4, lett. a), t.u.i.r.

ESEMPIO 7A *Accantonamento fondo controversie legali*

La società Alfa contabilizza nel bilancio al (31/12/X, al punto 12) "Accantonamento per rischi" dei Costi di Produzione (Conto Economico) un importo di euro 200.000,00 quale accantonamento per rischi controversie legali. Tale accantonamento è stato predisposto in ragione di un "ricorso per sequestro conservativo" depositato in data 01/10/X da Tizio, a cui a fatto seguito (in data 01/02/X+1) un atto di citazione.

Ai fini fiscali la società apporterà **una variazione in aumento nella dichiarazione dei redditi** dell'anno X di pari importo dell'accantonamento.

Nell'anno X+3 viene emessa una sentenza di condanna nei confronti della società. Contabilmente verrà rilevata una operazione di natura finanziaria senza alcuna incidenza nell'ambito economico:

Fondo accantonamento rischi	a	*Debiti diversi*	200.000,00

Dal lato fiscale la società apporterà in dichiarazione dei redditi **una variazione in diminuzione** di pari importo.

1. Gli accantonamenti nel reddito d'impresa

Ai fini fiscali, esigenze di certezza nell'individuazione della base imponibile, hanno spinto il legislatore ad imporre l'adozione di specifici criteri e limiti rispetto alle modalità civilistiche.

Al riguardo, il testo unico delle imposte sui redditi fornisce un'elencazione dettagliata degli accantonamenti fiscalmente deducibili, oltre a puntualizzare specifiche modalità procedurali per la determinazione di ogni tipologia di accantonamento per la quale è prevista la deducibilità.

Gli accantonamenti di cui è prevista la deduzione fiscale sono: – *accantonamenti di quiescenza e previdenza (art. 105 del t.u.i.r.); – accantonamenti per rischi su crediti (art. 106, co. 1, t.u.i.r.); – accantonamenti per lavori ciclici di manutenzione e revisione di navi e aeromobili (art. 107, co. 1, t.u.i.r.); – accantonamenti per ripristino o sostituzione e manutenzione di beni gratuitamente devolvibili (art. 107, co. 2, t.u.i.r.); – accantonamenti per operazioni e concorsi a premio (art. 107, co. 3, t.u.i.r.); – accantonamenti per maggiori imposte non definitivamente accertate (art. 99, co. 2, t.u.i.r.).*

2. Accantonamenti di quiescenza e previdenza

L'art. 105 del t.u.i.r. sugli accantonamenti di quiescenza e previdenza riconosce la deducibilità degli accantonamenti ai fondi per l'indennità di fine rapporto ed ai fondi di previdenza del personale dipendente, nei limiti delle quote maturate in ossequio alle disposizioni legislative e contrattuali che regolano il rapporto di lavoro dipendente.

Sono deducibili gli accantonamenti al fondo TFR e ad altri fondi di previdenza del personale dipendente, nonché gli accantonamenti previdenziali relativi a contratti di collaborazione coordinata e continuativa (e lavoro a progetto), a rapporti di agenzia ed a contratti di attività sportiva professionistica.

Gli accantonamenti al fondo trattamento fine rapporto sono deducibili nella misura prevista dall'art. 2120 c.c. Per ogni anno, quindi, viene accantonata al TFR una quota pari e comunque non superiore all'importo della retribuzione dovuta per l'anno stesso divisa per 13,5, tenendo conto di tutte le somme, incluso l'equivalente delle prestazioni in natura. La quota è proporzionalmente ridotta per le frazioni di anno, computandosi come mese intero le frazioni di mese uguali o superiori a 15 giorni (art. 2120, co. 1, c.c.).

Inoltre, l'*accantonamento* viene effettuato rivalutando il precedente TFR con un coefficiente pari al 75% dell'indice ISTAT dell'anno, più un coefficiente fisso pari all'1,5% (art. 2120, co. 4, c.c.).

ESEMPIO 7B *Accantonamento fondo di quiescenza e previdenza*

La società Alfa ha un fondo TFR al 31/12/X di 40;

– l'incremento ISTAT è pari al 2%;
– le retribuzioni lorde corrisposte nell'esercizio sono pari a 135;

135 : 13,5 = 10 (quota TFR)
40 × [0,015 + (0,75 × 0,02] = 1,2 (quota rivalutazione TFR)
10 + 1,2 = 11,2 (accantonamento al fondo TFR)

Oltre al TFR sono deducibili le quote di accantonamento in altri fondi previdenziali purché istituiti ai sensi dell'art. 2117 c.c. e costituiti in conti individuali dei singoli dipendenti. Non ricorrendo dette condizioni, gli accantonamenti non sono deducibili dal reddito imponibile e le somme sostenute a titolo di prestazione pensionistica a favore del lavoratore sono deducibili solo al momento della loro erogazione; in tal caso, al tempo dell'accantonamento, in sede di dichiarazione dei redditi, occorre effettuare una **variazione in aumento**.

3. Accantonamenti per rischi su crediti

In base all'art. 2426, n. 8, c.c. i crediti devono essere rilevati in bilancio secondo il criterio del costo ammortizzato, tenendo conto del fattore temporale e del valore presumibile di realizzazione.

Valutare i crediti secondo il **criterio del costo ammortizzato** significa allineare il valore iniziale dell'attività al suo valore di rimborso a scadenza. Pertanto, il credito deve essere iscritto inizialmente al suo valore nominale, al netto di tutti i premi, gli sconti e degli abbuoni ed inclusivo dei costi di transazione; quindi, in sede di rilevazione iniziale bisognerà rilevare insieme al credito, anche tutte le altre componenti riferibili alla transazione, sia positive che negative (es.: onorari e commissioni, tasse e oneri di trasferimento direttamente attribuibili all'acquisizione).

L'elemento del **fattore temporale**, inoltre, richiede l'attualizzazione dei crediti con scadenza superiore a 12 mesi ogniqualvolta il tasso di interesse desumibile dalle condizioni contrattuali sia significativamente diverso dal tasso di interesse di mercato, inteso come il tasso che sarebbe stato applicato se due parti indipendenti avessero negoziato un'operazione similare di finanziamento con termini e condizioni comparabili a quella oggetto di esame (*Principio contabile OIC 15 – dicembre 2016 Organismo Italiano di Contabilità Crediti*).

Il costo ammortizzato e l'attualizzazione possono non trovare applicazione qualora gli effetti siano irrilevanti (art. 2423, co. 4, c.c.) [1].

Per valore presumibile di realizzazione si intende che i crediti in essere al termine dell'esercizio non possono essere esposti in bilancio *sic et sempliciter* al valore desumibile dal costo ammortizzato, bensì "svalutati" in modo da tener conto di perdite connesse ad inesigibilità che possono ragionevolmente essere previste. Pertanto, il valore del costo ammortizzato dei crediti in bilancio deve essere rettificato, tramite un fondo di svalutazione appositamente stanziato contabilmente ma che non troverà una propria rappresentazione in bilancio in quanto i crediti vengono iscritti al netto della svalutazione.

Come si può notare la disciplina civilistica attribuisce un margine di apprezzamento agli amministratori in ordine alla quantificazione dell'accantonamento.

Diversamente, in ambito fiscale, l'art. 106, co. 1, t.u.i.r. dispone che "le svalutazioni dei crediti risultanti in bilancio, per l'importo non coperto da garanzia assicurativa, che derivano dalle cessioni di beni e dalle prestazioni di servizi indicate nel co. 1 dell'art. 85 sono deducibili in ciascun esercizio nel limite dello 0,50 per cento del valore nominale o di acquisizione dei crediti stessi. Nel computo del limite si tiene conto anche degli eventuali accantonamenti ad apposito fondo di copertura dei rischi su crediti effettuati in conformità a disposizioni di legge. La deduzione non è più ammessa quando l'ammontare complessivo delle svalutazioni e degli accantonamenti ha raggiunto il 5 per cento del valore nominale o di acquisizione dei crediti risultanti in bilancio alla fine dell'esercizio".

In primo luogo si evidenzia che, diversamente dalla disciplina civilistica che ha implementato il criterio del costo ammortizzato, la norma fiscale considera base di calcolo delle svalutazioni il **valore nominale** del credito. Ciò sembrerebbe

---

[1] Crediti con scadenza inferiore a 12 mesi oppure con scadenza superiore a 12 mesi quando ogni differenza tra valore iniziale e valore a scadenza è di scarsa rilevanza.

determinare una doppia rilevazione del valore del credito al fine di tener conto delle differenze di valore.

Tuttavia, il principio di derivazione rafforzata previsto dall'art. 83 del t.u.i.r. per tutte le imprese (soggetti IAS ed OIC adopter), ad esclusione delle micro-imprese di cui all'art. 2435 *ter* c.c., rende operativo anche in ambito fiscale il valore civilistico determinato in base al criterio del costo ammortizzato. In tal senso si è espresso anche il legislatore nella Relazione illustrativa al D.M. 3 agosto 2017 (*Disposizioni di coordinamento per la determinazione della base imponibile dell'IRES e dell'IRAP dei soggetti ITA GAAP e dei soggetti IAS adopter, ai sensi dell'art. 13-bis del decreto-legge 30 dicembre 2016, n. 244, convertito con modificazioni, dalla legge 27 febbraio 2017, n. 19*) in cui si precisa che, ai fini IRES, "*viene riconosciuta la diversa qualificazione della prima iscrizione dei crediti ad un valore divergente da quello nominale*".

In secondo luogo, in relazione alla natura dei crediti, si osserva che non tutti i crediti possono essere oggetto di svalutazioni ed accantonamenti deducibili fiscalmente, ma soltanto quelli ***commerciali***, vale a dire derivanti da corrispettivi qualificati fiscalmente come ricavi (art. 85, co. 1, t.u.i.r.). In particolare rientrano nei crediti commerciali: – i crediti derivanti dalla **vendita dei prodotti e dei servizi** di cui è oggetto l'attività aziendale; – i crediti derivanti dalla **vendita di materie prime e sussidiarie, di semilavorati ed altri beni mobili** da utilizzarsi nella produzione; – i crediti derivanti dalla **cessione di azioni, obbligazioni ed altri titoli di serie e di massa**; – i crediti derivanti dall'ottenimento di **contributi di natura contrattuale o di enti pubblici**.

Non sono considerati crediti commerciali, invece, gli anticipi a fornitori, gli anticipi a dipendenti e ad altri soggetti e i crediti di finanziamento.

Inoltre, non vanno computati ai fini del calcolo i crediti garantiti da eventuali assicurazioni in quanto l'impresa si deduce il costo dell'assicurazione ed il credito non è soggetto a rischio di perdite per inesigibilità; del pari non vanno computati i crediti a fronte dei quali sono state dedotte perdite certe, ai sensi dell'art. 101, co. 5, t.u.i.r., anche se ancora iscritti in bilancio.

Infine la normativa fiscale impone criteri di calcolo precisi e determinati per la quantificazione dell'accantonamento. In particolare si riscontrano due limiti:

1. un limite all'ammontare massimo di deducibilità nell'esercizio pari allo 0,5%;
2. un limite all'ammontare massimo che può raggiungere il fondo di svalutazione che non deve superare il 5% del valore nominale dei crediti iscritti in bilancio.

La svalutazione fiscalmente ammessa dal co. 1 dell'art. 106 del t.u.i.r. si determina secondo un criterio forfettario riferito all'insieme dei crediti iscritti in bilancio, senza alcuna indagine sul grado di esigibilità di ciascuno di essi; per effetto della forfetizzazione ivi prevista, la norma determina la configurazione di un "fondo fiscale" formato da tutte le svalutazioni e gli accantonamenti dedotti ai sensi dell'art. 106 del t.u.i.r.

Pertanto:

1. il confronto con il 5% del valore nominale o di acquisizione dei crediti – necessario per stabilire quando la deduzione fiscale della svalutazione non è più ammessa – deve essere effettuato con il totale delle svalutazioni e degli accantonamenti "dedotti" e non con quelli complessivamente imputati in bilancio;

2. se in un esercizio l'ammontare complessivo delle svalutazioni e degli accantonamenti dedotti eccede il 5% del valore nominale o di acquisizione dei crediti, concorre a formare il reddito dell'esercizio l'eccedenza e non tutti gli accantonamenti al fondo svalutazione crediti effettuati nell'esercizio medesimo.

Nel caso di realizzazione perdite su crediti (es.: fallimento di un cliente) è possibile dedurre il costo solo previa utilizzazione del fondo svalutazione crediti non tassato esistente.

ESEMPIO 7C *Accantonamento fondo svalutazione crediti ed utilizzo*

La società Alfa al termine dell'esercizio X presenta la seguente situazione:

Valore nominale crediti commerciali iscritti in bilancio	1.000
Fondo svalutazione crediti non tassato preesistente	40
Quota di svalutazione dei crediti deducibile fiscalmente (1.000 × 0,5%)	5
Fondo svalutazione crediti non tassato al 31/12/X	45

Nell'esercizio X+1:

Valore nominale crediti commerciali iscritti in bilancio	900
Fondo svalutazione crediti non tassato preesistente	45

Tenuto conto che il fondo ha raggiunto il limite del 5% (900 × 5% = 45) del valore nominale dei crediti, l'eventuale svalutazione, anche nel limite dello 0,5%, non è fiscalmente deducibile. Quindi, in caso di accantonamento civilistico, occorrerà apportare in dichiarazione dei redditi una variazione in aumento di pari importo.

Pertanto si profilerà la seguente situazione contabile:

Valore nominale crediti commerciali iscritti in bilancio	900
Fondo svalutazione crediti non tassato preesistente	45
Quota di svalutazione dei crediti **non** deducibile fiscalmente (900 × 0,5%)	4,5
Fondo svalutazione crediti al 31/12/X+1 **di cui non tassato**	49,5 45

Nell'esercizio X+2 l'azienda sopporta una perdita di crediti pari a:

- caso *a*): 30;
- caso *b*): 60.

Caso a):

A seguito della perdita su crediti sostenuta si utilizza il fondo svalutazione crediti per 30:

Fondo svalutazione crediti	a	*Crediti v/clienti*		30

La perdita pari a 30 non determina l'iscrizione di componenti negativi di reddito in conto economico, poiché il fondo di svalutazione civilistico iscritto in bilancio è superiore alla perdita su crediti subita. Altresì la perdita non è deducibile fiscalmente, poiché l'ammontare è inferiore a quanto già dedotto nei precedenti esercizi attraverso la svalutazione dedotta.

Caso b):

A seguito della perdita su crediti sostenuta si utilizza il fondo svalutazione crediti per 49,5 e si rileva una perdita di 10,5:

Diversi	a	*Crediti v/clienti*		60
Fondo svalutazione crediti			49,5	
Perdite su crediti			10,5	

La perdita pari a 60 determina l'iscrizione di componenti negativi di reddito in conto economico, in quanto il fondo di svalutazione civilistico iscritto in bilancio è inferiore alla perdita su crediti subita. Altresì la perdita è deducibile fiscalmente, poiché l'ammontare è superiore a quanto già dedotto nei precedenti esercizi attraverso la svalutazione dedotta.

Inoltre, poiché il fondo svalutazioni fiscalmente rilevante (**non tassato**) è pari a 45, l'ulteriore deduzione fiscale della perdita pari ad 4,5 = (49,5 – 45), sarà effettuata direttamente nella dichiarazione dei redditi apportando una **variazione in diminuzione** al reddito di pari importo.

4. Altri accantonamenti

a) *Accantonamenti per lavori ciclici di manutenzione e revisione di navi e aeromobili* – Gli accantonamenti effettuati a fronte delle spese da sostenere per lavori ciclici di manutenzione e revisione delle navi e degli aeromobili sono deducibili nel limite del 5% del costo di ogni nave o aereo risultante a inizio esercizio dal registro dei beni ammortizzabili. Essa si aggiunge alla ordinaria deduzione delle spese di manutenzione prevista in via generale dall'art. 102, co. 6, t.u.i.r.

Nell'esercizio in cui il ciclo termina, se l'ammontare degli accantonamenti complessivamente dedotti supera la spesa sostenuta, l'eccedenza concorre a formare il reddito d'impresa, diversamente (accantonamenti inferiori), l'eccedenza è deducibile dal reddito d'impresa.

b) *Accantonamenti per ripristino o sostituzione e manutenzione di beni gratuitamente devolvibili* – L'art. 107, co. 2, t.u.i.r. consente alle imprese concessionarie o subconcessionarie della costruzione e dell'esercizio (gestione) di opere pubbliche di effettuare degli accantonamenti a fronte delle spese di ripristino o di sostituzione dei beni gratuitamente devolvibili allo scadere della concessione e le spese di manutenzione, riparazione, ammodernamento e trasformazione sostenute sui medesimi beni. In tal caso l'accantonamento è deducibile nel limite del 5% del costo del singolo bene e fino a che il fondo non abbia eguagliato l'ammontare complessivo delle spese relative al bene medesimo sostenute negli ultimi due esercizi.

c) *Accantonamenti per operazioni e concorsi a premio* – Le manifestazioni a premio si dividono in "concorsi" ed "operazioni" a premio. Si realizza l'operazione a premio quando, a seguito dell'acquisto o vendita di un prodotto, viene conferito a tutti i partecipanti il premio promesso, mentre il concorso a premio quando un'iniziativa commerciale prevede che, con o senza l'acquisto del prodotto e/o del servizio, il premio è attribuito solo ad alcuni dei partecipanti. In particolare la distinzione è incentrata sull'obbligatorietà dell'acquisto e/o della vendita del prodotto promozionato nelle operazioni a premio e sull'alea, l'abilità, la capacità personale od altra eventualità nei concorsi a premio.

Gli accantonamenti stimati a fronte degli oneri derivanti da operazioni e concorsi a premio sono deducibili in misura, rispettivamente, pari al 30% e 70% dell'ammontare degli impegni assunti nell'esercizio.

L'utilizzo a copertura degli oneri relativi ai singoli esercizi deve essere effettuato a carico dei corrispondenti accantonamenti. Le eventuali differenze rispetto a tale valore costituiscono una sopravvenienza attiva se il totale degli oneri è inferiore all'importo del fondo ovvero una sopravvenienza passiva nel caso inverso.

Del pari costituisce una sopravvenienza attiva l'ammontare dei fondi (fiscali) non utilizzato al termine del terzo esercizio successivo a quello di formazione.

APPROFONDIMENTI

Dottrina

FIORENTINO, *La valutazione fiscale dei crediti nella disciplina Ires*, in *Rass. trib.*, 2006, 1435.

VERRIGNI, *La deducibilità dell'indennità suppletiva di clientela nel sistema del reddito d'impresa: oscillazioni giurisprudenziali, prassi amministrativa e tutela dell'affidamento*, in *Riv. dir. trib.*, n. 2008, 212.

GARCEA, *Gli accantonamenti al fondo TFR nel regolamento IAS/IFRS*, in *Corr. trib.*, 2009, 2291.

SODINI, *Agenzia delle entrate e suprema corte di nuovo allineate sulla deducibilità dell'indennità suppletiva di clientela*, in *Bilancio e Reddito d'Impresa*, 2014, 33.

PERRONE, *Crediti iscritti in bilancio e accantonamenti per rischi su crediti*, in *Rass. trib.*, 2015, 714.

PISONI-BAVA-BUSSO-DEVALLE-RIZZATO, *Crediti e debiti commerciali: costo ammortizzato in presenza di attualizzazione*, in *Il Fisco*, 2017, 21, 2059.

GAIANI, *Crediti e debiti al costo ammortizzato: complicazioni contabili e ricadute fiscali*, in *Il Fisco*, 2017, 15, 1413.

Giurisprudenza

Cass., Sez. trib., 11 giugno 2009, n. 13506, in *Corr. trib.*, 2009, 34, 2758, con nota di TRETTEL, *Deducibili per competenza gli accantonamenti per indennità suppletiva di clientela* "*È deducibile per competenza l'accantonamento disposto dall'imprenditore per l'indennità suppletiva di clientela da corrispondere alle persone fisiche legate all'azienda da rapporti di agenzia. Ciò in quanto, a seguito delle modifiche apportate all'art. 1751 c.c., contenente l'intera disciplina del rapporto di agenzia, non è più prevista la distinzione tra 'indennità di scioglimento del contratto', obbligatoria perché di origine codicistica, e 'indennità suppletiva di clientela', sorgente da contrattazione collettiva e fruibile solo a determinate condizioni. Le indennità suppletive di clientela possono quindi essere ricondotte alle indennità per cessazione dei rapporti di agenzia delle persone fisiche e, quindi, tra le indennità di fine rapporto dichiarate deducibili nei limiti delle quote maturate dall'art. 70 (ora 105) del t.u.i.r. – d.p.r. 22 dicembre 1986, n. 917. Tale deducibilità non si può escludere per il carattere aleatorio dell'indennità, in quanto la questione non è se l'imprenditore abbia motivo di operare un accantonamento per l'eventuale pagamento dell'indennità suppletiva di clientela, ma, piuttosto, se il legislatore fiscale intenda, oppure no, favorire il comportamento previdente, consentendo la deduzione dell'accantonamento dal reddito*".

Cass. 19 settembre 2014, n. 19762, in *Rass. trib.*, 2015, 714 (**Il testo è riportato nella sezione on line, CASI**) "*La disciplina tributaria degli accantonamenti e delle svalutazioni dei crediti iscritti in bilancio si fonda su un duplice elemento oggettivo: per un verso, i crediti, su cui effettuare il calcolo per accantonamenti e svalutazioni, devono essere 'iscritti in bilancio'; dall'altro, si deve trattare di crediti generati dalla cessione di beni merce o prestazioni di servizi rientranti nell'attività propria della impresa. I crediti 'iscritti in bilancio', ai sensi dell'art. 106 Tuir, sono solo i crediti iscritti nell'attivo dello stato patrimoniale. Di conseguenza non risulta condivisibile la sentenza laddove attribuisce rilevanza ai crediti indicati nei 'conti d'ordine' ritenendoli comunque iscritti in bilancio ai sensi dell'art. 106 Tuir. I conti d'ordine, invero, sono sistemi di scritture secondari e non influenzano la formazione del risultato di esercizio e la misura del capitale di funzionamento della società. Come tali i crediti ivi iscritti non possono essere oggetto di svalutazioni e accantonamenti secondo la disciplina di cui all'art. 106 cit.*".

Cass. 1° luglio 2015, n. 13458, in *Fiscoonline Banca Dati*, "*In tema di imposte su redditi, il raggiungimento della soglia del 5%, da calcolarsi sul valore nominale o di acquisi-*

zione dei crediti risultanti in bilancio alla fine dell'esercizio, impediscono il sorgere e, conseguentemente, la spettanza del diritto alla deduzione di cui all'art. 106, del D.P.R. 22 dicembre 1986, n. 917".

Cass. 4 maggio 2018 n. 9237, in *Fiscoonline Banca Dati*, "*In tema di redditi di impresa, il discrimine tra 'perdite sui crediti' e 'svalutazione dei crediti' si correla alla definitività del venir meno della posta attiva, nel senso che, alla stregua di un giudizio prognostico, si ha perdita del credito quando esso è divenuto definitivamente inesigibile, mentre si ha svalutazione quando il credito è solo temporaneamente non realizzabile*".

Cass. 3 aprile 2019, n. 9237, in *Fiscoonline Banca Dati*, "*In tema di determinazione dei redditi di impresa, poiché dal compimento di una determinata scelta di bilancio da parte della società contribuente consegue automaticamente l'applicazione del relativo regime fiscale, ove venga istituito un fondo rischi su crediti, le perdite sui crediti realizzate successivamente agli accantonamenti previsti in bilancio, ai sensi dell'art. 106, comma 2, del d.P.R. n. 917 del 1986, sono deducibili, a norma dell'art. 101 dello stesso decreto, non integralmente, ma solo per la parte che eccede l'ammontare complessivo degli accantonamenti dedotti nei precedenti esercizi*".

Prassi

Ris. Ag. Entr., 29 dicembre 2003, n. 232/E (*Sulla deducibilità delle prestazioni previdenziali erogate dal datore di lavoro*).

Ris. Ag. Entr., 16 novembre 2006, n. 133/E, in *Il Fisco*, 2007, 1, 37 (*In relazione alla determinazione degli accantonamenti di quiescenza e previdenza a seguito di prima applicazione (FTA) dei principi contabili internazionali*).

Ris. Ag. Entr., 22 maggio 2008, n. 211/E, in *Il Fisco*, 2008, 22, 4054 (*Sulla deducibilità accantonamento indennità di fine mandato*).

Ris. Ag. Entr., 5 gennaio 2011, n. 5/E, in *Il Fisco*, 2011, 4, 615 (*Spese di manutenzione su beni gratuitamente devolvibili*).

Circ. Ag. Entr., 8 novembre 2013, n. 33/E, in *www.agenziaentrate.it* (*Deducibilità degli accantonamenti per indennità suppletiva di clientela*).

Casi e Materiali

Per i documenti concernenti i *Casi* ed i *Materiali*, si rinvia ai contenuti telematici inseriti nella parte on line del Volume (§ 7 dei *Casi*; §§ 18 e 19 dei *Materiali*).

8. REDDITO DELLE SOCIETÀ DI COMODO

Sommario: Premessa. – 1. Le società di "comodo" nel sistema tributario. – 2. Il "test di operatività". – 3. Gli effetti del mancato superamento della verifica di operatività ed il reddito minimo presunto ai fini delle imposte sui redditi. – 4. Esemplificazioni, schemi riassuntivi e test.

Premessa

La disciplina sulle società di comodo o c.d. "non operative" (art. 30 della legge n. 724/1994) è sorta per "penalizzare", sul piano tributario, le società "senza impresa", quelle cioè che, al di là dell'oggetto sociale dichiarato, sono costituite al solo fine di amministrare (attraverso una gestione meramente "statica") i patrimoni personali dei soci, "anziché per esercitare un'effettiva attività commerciale".

La funzione principale della normativa in questione è, fin dall'origine, quella di "disincentivare" l'adozione di una struttura societaria non adeguata rispetto all'attività effettivamente esercitata, attraverso la presunzione di un reddito minimo riconducibile agli assetti patrimoniali di tale struttura societaria. Su un piano generale, la qualifica di "non operatività" allude appunto al fenomeno anomalo (o meglio "patologico"), costituito dall'utilizzo dello schermo societario per l'intestazione/separazione di cespiti patrimoniali e per l'ottenimento della responsabilità limitata: **società "non operativa"** significa dunque società "senza impresa" o di "mero godimento" e, dunque, sostanzialmente "di comodo".

Alla luce del prospettato contesto, appare sensato sostenere che, con riferimento al particolare fenomeno delle società "di comodo", l'uso strumentale/anomalo (e dunque, l'"abuso") della "forma societaria" (e del complesso dei "diritti" ad essa riconducibili), viene preso in considerazione dall'ordinamento tributario nella misura in cui risulti funzionale all'aggiramento-deviazione-violazione (anche potenziale) dei criteri normativi di funzionamento del sistema (strutturalmente "ineludibili") in ordine alla determinazione del reddito imponibile generato dalle società commerciali. Tale aggiramento avverrebbe mediante l'"innaturale" e distorsiva applicazione dei principi della fiscalità analitica (tipica della tassazione del reddito d'impresa) a fattispecie concrete di natura non imprenditoriale, con conseguente indebito risparmio d'imposta.

1. Le società "di comodo" nel sistema tributario

L'art. 30 della legge n. 724/1994 (rimasto nel tempo inalterato nella sua struttura fondamentale) considera di comodo ("non operative"), salvo prova contraria, le società commerciali che non superano il c.d. "test di operatività", ossia che conseguono un volume di ricavi, incrementi rimanenze e proventi emergenti dal conto economico, inferiore alla somma degli importi (ricavi presunti o figurativi) risultanti dall'applicazione di una serie di percentuali al valore di determinati elementi iscritti nello stato patrimoniale del bilancio (ossia al valore di determinate articolazioni del capitale investito).

Alle società considerate di comodo, viene quindi attribuito presuntivamente un reddito non inferiore alla somma degli importi derivanti dall'applicazione, al valore dei beni posseduti nell'esercizio, di appositi **"coefficienti di redditività"**.

Viene delineata, in sostanza, una disciplina "antielusiva/antievasiva", fondata sul presupposto che determinati beni del patrimonio societario (partecipazioni ed altre attività finanziarie, beni immobili e mobili registrati, crediti, ecc.) sono "oggettivamente" in grado di produrre "frutti", ossia reddito, e l'inserimento dei medesimi all'interno di un assetto societario rafforza la presunzione (relativa) di un loro impiego a scopi reddituali.

Ne discende che la possibilità di "prova contraria" alla presunzione di ricavi e di reddito, è strettamente connessa a specifiche e concrete cause oggettive di inidoneità reddituale dei relativi elementi dell'attivo patrimoniale (a fronte di una loro generale ed oggettiva "fruttuosità").

Vi è inoltre da segnalare che l'art. 2, co. 36 *decies* e 36 *undecies*, d.l. n. 138/2011 convertito con modificazioni nella legge 14 settembre 2011, n. 148, indipendentemente dal superamento del test di operatività summenzionato, ha esteso l'applicazione della disciplina delle società "non operative" anche a quelle società che sono considerate in **"perdita sistematica"** cioè presentano dichiarazioni in perdita fiscale per tre periodi d'imposta consecutivi oppure, sempre nello stesso periodo di osservazione, per due periodi d'imposta su tre siano in perdita fiscale e nel rimanente abbiano dichiarato un reddito imponibile inferiore a quello minimo presunto di cui all'art. 30, co. 3, della menzionata legge n. 724/1994. Con la "nuova" norma la società è considerata "non operativa" dal quarto periodo d'imposta, con prima applicazione, per le società con periodo d'imposta coincidente con l'anno solare, dall'anno 2012 (art. 2, co. 36 *duodecies*, d.l. n. 138/2011).

Recentemente l'art 18 del d.lgs. n. 175/2014 ha ampliato l'arco temporale di valutazione della situazione di perdita sistematica, portandolo dagli originari tre agli attuali cinque periodi d'imposta consecutivi in perdita fiscale (ovvero quattro periodi d'imposta in perdita fiscale ed uno con reddito imponibile inferiore al reddito minimo *ex* art. 30 della legge n. 724).

In questo senso, la situazione di "perdita sistematica" risulta fondatamente e razionalmente sintomatica di un utilizzo abusivo/elusivo dell'involucro societario, integrando dunque la possibilità (corretta sul piano della compatibilità costituzionale) di essere legislativamente ricondotta alle presunzioni normative di reddito minimo previste dalla disciplina sulle società di comodo di cui all'art. 30 della legge n. 724/1994.

Con queste nuove disposizioni, le c.d. società di comodo di cui al citato art. 30 della legge 23 dicembre 1994, n. 724, si possono quindi idealmente ripartire in due categorie: le "**società non operative**", ossia le società che non superano il test di operatività previsto dal co. 1 del citato art. 30, e le "**società in perdita sistematica**" che presentano cinque periodi d'imposta in perdita fiscale (c.d. periodo di osservazione) ai sensi del co. 36 *decies* dell'art. 2 del d.l. n. 138/2011, convertito con modificazioni nella legge 14 settembre 2011, n. 148 e modificato dal citato art. 18 del d.lgs. n. 175/2014.

2. Il "test di operatività"

2.1. *Il calcolo dei ricavi presunti*

La verifica di operatività non risulta superata quando l'ammontare complessivo dei ricavi, incrementi rimanenze e proventi ordinari che emergono dal conto economico del bilancio societario, è inferiore a quello dei **ricavi "figurativi"** determinati applicando, al valore di determinati elementi dell'attivo di stato patrimoniale ("assets"), le seguenti percentuali ("**coefficienti di redditività**" dei beni):

1. 2% al valore dei "titoli" indicati nell'art. 85, co. 1, lett. c), d) ed e), t.u.i.r. e delle quote di partecipazione nelle società di persone di cui all'art. 5 dello stesso t.u.i.r., anche se tali beni costituiscono immobilizzazioni finanziarie, aumentato del valore dei crediti (derivanti da operazioni di finanziamento). Si tratta in sostanza di azioni o quote di partecipazione in società di capitali e di persone ("commerciali"), strumenti finanziari similari alle azioni ai sensi dell'art. 44 del t.u.i.r., obbligazioni ed altri titoli in serie o di massa, classificati in bilancio sia nell'attivo circolante che tra le immobilizzazioni finanziarie;
2. 6% al valore delle immobilizzazioni materiali costituite da beni immobili e dalle "navi" indicate nell'art. 8 *bis*, co. 1, lett. a), d.p.r. n. 633/1972 (quelle cioè destinate all'esercizio di attività commerciali o della pesca o ad operazioni di salvataggio o assistenza in mare, nonché quelle da diporto destinate al noleggio), anche se detenuti in locazione finanziaria, con la riduzione al 5% sugli immobili classificati nella categoria catastale A/10 (uffici), al 4% sugli immobili abitativi "nuovi", ossia acquisiti o rivalutati nell'esercizio e nei due precedenti, ed all'1% per gli immobili situati nei piccoli comuni.

I beni in esame rilevano ai fini del test anche se detenuti in locazione finanziaria (leasing), mentre vanno esclusi nel caso siano acquisiti e detenuti in locazione, comodato o noleggio.

Le immobilizzazioni "in corso" (sia materiali che immateriali) vanno escluse dal computo in quanto, essendo ancora in fase di realizzazione, non suscettibili di utilizzazione e dunque oggettivamente inidonee a produrre proventi, così come devono essere esclusi gli "immobili beni-merce", a condizione che la classificazione di bilancio "sia improntata a corretti principi contabili";

3. 15% al valore delle "altre immobilizzazioni", anche se detenute in locazione finanziaria: rientrano in tale voce gli impianti e i macchinari, nonché le attrezzature industriali e commerciali, diversi dalle "navi" indicate al punto precedente. Tra le immobilizzazioni immateriali da considerare (in quanto potenzialmente idonee a produrre reddito), vi sono sia quelle costituite da beni (diritti di brevetto, concessioni, licenze, ecc.), sia quelle rappresentate da costi ad "utilità pluriennale" (avviamento, costi di impianto ed ampliamento, di ricerca, ecc.).

2.2. *Il confronto tra proventi effettivi e proventi "figurativi"*

Il confronto va effettuato tra la "media" dei **proventi effettivi** emergenti dal conto economico del bilancio dell'esercizio di riferimento e dei due precedenti, e l'ammontare dei **proventi "figurativi"** determinati applicando i descritti coefficienti di redditività ai "valori medi", relativi allo stesso triennio, dei beni e delle immobilizzazioni indicati nel precedente paragrafo.

2.2.1. *Il valore dei beni*

Per la determinazione del valore dei beni cui applicare i coefficienti occorre fare riferimento all'art. 110, co. 1, del t.u.i.r., che, in tema di valutazioni, prevede il criterio del "**valore fiscalmente riconosciuto**": gli elementi patrimoniali rilevanti per il calcolo dei ricavi presunti devono pertanto essere assunti non in base al loro valore contabile di bilancio, ma in base al valore attribuibile ai fini delle imposte sui redditi.

Di conseguenza, il costo dei beni ammortizzabili, materiali ed immateriali, deve essere assunto "al lordo delle quote di ammortamento già dedotte e degli eventuali contributi"; va inoltre data rilevanza alle "**rivalutazioni**" effettuate con effetti fiscali, dal momento in cui i nuovi valori civilistici vengono riconosciuti anche a livello fiscale.

2.2.2. *La determinazione dei ricavi effettivi*

La media dell'ammontare dei ricavi, incrementi rimanenze e proventi effettivi, da confrontare con quelli presunti, viene determinata considerando l'anno per il quale si intende applicare la disciplina ed i due precedenti, con riferimento ai valori emergenti dal conto economico civilistico e senza tenere conto delle variazioni di carattere fiscale.

Devono essere esclusi i **proventi straordinari**, ovvero quelli non derivanti dalla gestione caratteristica normale o abituale della società (ad es. plusvalenze da cessione di azienda o ramo d'azienda ed altre plusvalenze non usuali, sopravvenienze attive, ecc.).

3. Gli effetti del mancato superamento della verifica di operatività ed il reddito minimo presunto ai fini delle imposte sui redditi

Nel caso di "non operatività" della società, lo stesso meccanismo normativo dell'art. 30, co. 3, prevede il sorgere di una **presunzione semplice** (che ammette cioè una successiva "prova contraria" da parte del contribuente), in virtù della quale il reddito d'impresa del periodo d'imposta considerato non può essere inferiore a quello determinato sulla base dell'applicazione di determinati (ed ulteriori) coefficienti di redditività al valore degli stessi elementi patrimoniali (rilevanti anche per la determinazione dei ricavi convenzionali) riferibili al periodo d'imposta correlato. Ciò ovviamente comporta il disconoscimento di eventuali perdite di esercizio dichiarate dalla società "non operativa" ed il correlato obbligo giuridico di dichiarare il reddito minimo presunto.

Il calcolo del reddito minimo scaturisce dall'applicazione dei coefficienti al valore dei detti beni (titoli e partecipazioni, immobili, navi ed altre immobilizzazioni) con riferimento al solo periodo d'imposta interessato (e non alla media dell'ultimo triennio, come avviene per la determinazione dei ricavi figurativi).

Il **reddito minimo** è soggetto all'Ires (imposta sul reddito delle società, con una maggiorazione dell'aliquota pari al 10,50%); si applica inoltre una presunzione in materia di determinazione del valore della produzione netta ai fini dell'Irap. Per quanto concerne le società di persone, la determinazione del reddito minimo esplicherà gli effetti sui singoli soci persone fisiche, in proporzione alle rispettive quote di partecipazione ed ai fini dell'Irpef.

I **coefficienti** da applicare sono i seguenti:

1. 1,50% sul valore delle stesse attività finanziarie prese in considerazione per il calcolo dei ricavi figurativi ed indicate al n. 1 del precedente paragrafo 2.1;
2. 4,75% sul valore delle immobilizzazioni materiali costituite da beni immobili e dalle navi già indicate al n. 2 del precedente paragrafo 2.1, con la riduzione al 4% sui fabbricati ad uso ufficio (cat. A/10), al 3% sui fabbricati abitativi "nuovi" (acquisiti o rivalutati nell'esercizio o nei due precedenti) ed allo 0,9% sugli immobili situati nei piccoli comuni (con meno di 1000 abitanti);
3. 12% sul valore delle "altre immobilizzazioni" indicate al n. 3 del precedente paragrafo 2.1.

In conclusione e ricapitolando, gli effetti fiscali della situazione di non operatività (dovuta al **mancato superamento del test** ovvero al verificarsi della situazione di "**perdita sistematica**") sono i seguenti: 1) l'obbligo di dichiarare ai fini Ires/Irpef un reddito non inferiore a quello minimo presunto e ai fini Irap un valore della produzione minimo; 2) la possibilità di utilizzare le perdite dei periodi d'imposta precedenti in diminuzione soltanto della parte di reddito che eccede quello minimo; 3) l'impossibilità di chiedere a rimborso/utilizzare in compensazione il credito Iva; 4) qualora si tratti di società di capitali, l'obbligo di corrispondere la maggiorazione Ires del 10,50%, con l'aliquota dell'imposta che passa conseguentemente dal 27,50% al 38%.

4. Esemplificazioni, schemi riassuntivi e test

ESEMPIO 8A *Verifica di operatività e calcolo del reddito minimo presunto*

Riassumendo e schematizzando: si considerano non operative le società che hanno conseguito un ammontare di ricavi effettivi inferiore ai ricavi minimi presunti a loro volta pari alla somma dei valori che si ottengono applicando determinate percentuali a talune voci dello stato patrimoniale.

La società, per effettuare la verifica di operatività, deve confrontare:

1) i ricavi effettivi derivanti dalle voci del conto economico:

- ricavi;
- proventi non straordinari (escluse quindi le plusvalenze e le sopravvenienze attive);
- incrementi di rimanenze;

2) con i ricavi presunti che derivano dai valori dei titoli, delle partecipazioni, degli immobili e delle altre immobilizzazioni emergenti dallo stato patrimoniale (escluse le immobilizzazioni in corso e gli acconti) moltiplicati per i coefficienti percentuali (previsti dal co. 1 dell'art. 30) che ne determinano la redditività presunta.

Sia per i ricavi effettivi che per quelli presunti si considerano i valori medi (risultanti rispettivamente dal conto economico e dallo stato patrimoniale) dell'ultimo triennio secondo lo schema: Valori esercizi [x + (x-1) + (x-2)]/3.

Per i ricavi presunti si calcolano le medie dei valori dei beni patrimoniali indicati dalla norma nel triennio di osservazione e si applicano ad esse le singole percentuali di redditività presunta (poi, ovviamente, si procede alla somma). Si tratta dunque di effettuare il confronto tra il totale dei ricavi effettivi medi e il totale dei ricavi presunti medi dell'ultimo triennio, secondo le seguenti uguaglianze:

1. Valore dei ricavi, proventi non straordinari e incrementi rimanenze negli esercizi [x + (x-1) + (x-2)]/3 = Totale ricavi effettivi medi;

2. Valore di partecipazioni, obbligazioni e titoli (aumentati dei crediti) classificati nelle immobilizzazioni negli esercizi [x + (x-1) + (x-2)]/3 = Media X 2% (coefficiente di redditività presunta)

+ Valore degli immobili classificati nelle immobilizzazioni negli esercizi [x + (x-1) + (x-2)]/3 = Media X 6% (coefficiente di redditività presunta)

+ Valore delle altre immobilizzazioni negli esercizi [x + (x-1) + (x-2)]/3 = Media X 15% (coefficiente di redditività presunta) = Totale ricavi presunti medi

Se i ricavi effettivi di cui al punto 1) risultano essere maggiori dei ricavi presunti di cui al punto 2) la società non è "di comodo" (è operativa); se, al contrario, i ricavi effettivi risultano essere minori dei ricavi presunti, la società è "di comodo" (è non operativa):

a) RICAVI EFFETTIVI > RICAVI PRESUNTI = SOCIETÀ OPERATIVA

b) RICAVI EFFETTIVI < RICAVI PRESUNTI = SOCIETÀ NON OPERATIVA

Se si verifica l'ipotesi sub b), si dovrà procedere alla determinazione del reddito minimo presunto secondo le ulteriori percentuali di redditività indicate nel precedente paragrafo 3), applicandole ai valori dei beni patrimoniali risultanti dal bilancio del solo ultimo esercizio.

TABELLE ESEMPLIFICATIVE

Si propone di seguito un esempio di calcolo del reddito minimo presunto relativamente ad una società di capitali che risulterà non operativa e che presenta per il 2014 un reddito fiscale pari a euro 15.000,00.

CALCOLO DEI RICAVI MEDI EFFETTIVI

Si ipotizza la seguente situazione relativa al triennio 2012-2014 e risultante dai conti economici dei relativi bilanci di esercizio

Voci conto economico	**2012**	**2013**	**2014**	**Media del triennio**
- Ricavi - Incrementi di rimanenze e altri proventi non straordinari	16.000	19.000	18.000	**17.667**

CALCOLO DEI RICAVI PRESUNTI

Dai bilanci sociali relativi al triennio in esame risultano i seguenti valori relativi allo stato patrimoniale e sulla base dei quali si calcolano i ricavi presunti

Voci stato patrimoniale	**2012**	**2013**	**2014**	**Media del triennio**
Titoli e partecipazioni aumentati dei crediti	28.500	31.000	29.000	**29.500**
Beni immobili a destinazione abitativa acquisiti nell'ultimo triennio	310.000	320.000	340.500	**323.500**
Altre immobilizzazioni	65.000	68.000	66.500	**66.500**

Voci stato patrimoniale	Media	Coefficienti di redditività	Ricavi presunti
Titoli e partecipazioni aumentati dei crediti	29.500	2,00%	590
Beni immobili a destinazione abitativa	323.500	4,00%	12.940
Altre immobilizzazioni	66.500	15,00%	9.975
Totale ricavi presunti (medi)			**23.505**

La media dei ricavi, proventi ed incrementi di rimanenze conseguiti effettivamente dalla società nell'esercizio 2014 e nei due precedenti (euro 17.667,00) è inferiore al totale dei ricavi minimi presunti calcolati sulle medie dei valori dei beni patrimoniali di riferimento (euro 23.505,00); ciò produce la conseguenza che la società in questione risulta essere non operativa.

Ne deriva l'obbligo per la società di determinare il reddito minimo (presunto) da dichiarare per l'anno 2014, tenendo appunto presente che, qualora il reddito effettivo determinato con le regole ordinarie sia inferiore a quello minimo presunto, deve ovviamente essere dichiarato quest'ultimo.

DETERMINAZIONE DEL REDDITO MINIMO PRESUNTO

L'ammontare del reddito minimo presunto da dichiarare viene calcolato applicando gli ulteriori coefficienti di redditività sotto specificati al valore dei beni dell'attivo patrimoniale societario posseduti nell'esercizio 2014.

Voci dello stato patrimoniale	Esercizio 2014	Percentuali	Reddito minimo presunto
Titoli e partecipazioni, aumentati dei crediti	29.000	1,50%	435
Beni immobili a destinazione abitativa acquisiti nell'ultimo triennio	340.500	3,00%	10.215
Altre immobilizzazioni	66.500	12,00%	7.980
Reddito imponibile minimo			**18.630**

APPROFONDIMENTI

Dottrina

LUPI-STEVANATO, *Le nuove norme sulle società di comodo, tra antievasione, pedagogia e scioglimento "agevolato"*, in *Dial. dir. trib.*, 2006, 1431.

AA.VV., *Le società di comodo*, a cura di F. TOSI, Padova, 2008.

NUSSI, *La disciplina impositiva delle società di comodo tra esigenze di disincentivazione e rimedi incoerenti*, in *Riv. dir. fin. sc. fin.*, 2010, 4, 491.

CERMIGNANI, *Il regime fiscale delle società di comodo: ratio, attualità e prospettive*, in *Dir. prat. trib.*, 2011, I, 255.

MICELI, *Società di comodo e statuto fiscale dell'impresa*, Pisa, 2017.

Giurisprudenza

Cass., 21 ottobre 2015, n. 21358, in *Corr. trib.*, 2016, 119, con nota di DAMIANI, *Affitto dell'unica azienda ed onere probatorio per la disapplicazione della disciplina sulle società di comodo* (**il testo è riportato nella sezione on line, CASI**): "*Secondo la disciplina vigente 'ratione temporis' per l'anno d'imposta 2006, spetta al contribuente, che risulti 'non operativo' in base alla disciplina delle società di comodo di cui all'art. 30 della Legge n. 724/1994, l'onere di dimostrare la presenza di 'oggettive situazioni di carattere straordinario' che abbiano reso impossibile il conseguimento dei ricavi minimi e del reddito minimo*".

Cass.. Sez. trib., 22 maggio 2017, n. 12829, in *Il Fisco*, 2017, 25, 2486 con nota di DENARO, *Società di comodo: il test di "non operatività" vale solo per l'anno accertato*: "*In tema di imposta sul valore aggiunto (IVA), lo 'status' di società non operativa risultante dall'applicazione dei parametri previsti dalla L. 23 dicembre 1994, n. 724, art. 30, comma 1, non è permanente, ma va accertato anno per anno, ben potendo una società essere non operativa in un determinato esercizio sociale ed operativa in quello successivo*".

Cass., Sez. trib., ord. 21 novembre 2018, n. 4019, dep. il 12 febbraio 2019, in *Rivista Trimestrale di Diritto Tributario*, 2019, 4, p. 919, con nota di CERMIGNANI, "*Spetta alla società contribuente che risulti 'non operativa', l'onere di dimostrare la presenza di quelle 'oggettive situazioni' che abbiano reso 'impossibile' il conseguimento dei ricavi e del reddito minimi presunti. Tuttavia, l''impossibilità', richiesta dalla norma, di conseguire il livello minimo di ricavi e reddito presunti non va intesa in termini 'assoluti' quanto piuttosto in termini 'economici', avendo riguardo alle effettive condizioni del mercato. Ne consegue che deve ritenersi 'non di comodo' la società che dimostra di non aver potuto realizzare la misura minima di ricavi e reddito presunti per aver dovuto modificare l'iniziale progetto industriale a causa delle sfavorevoli condizioni del settore economico cui inizialmente il bene prodotto era destinato*".

Cass., Sez. trib., ord. 19 agosto 2020, n. 17371, in *Banca Dati della Corte di Cassazione*, "*In materia di società di comodo, i requisiti previsti dall'art. 30 della legge n.*

724/1994 sono fondati sulla correlazione tra il valore di determinati beni patrimoniali e un livello minimo di ricavi e proventi, il cui mancato raggiungimento costituisce elemento sintomatico della natura non operativa della società. Spetta poi al contribuente, che risulti 'non operativo' in base al citato art. 30, l'onere di dimostrare la presenza di quelle oggettive situazioni di carattere straordinario che abbiano reso impossibile il conseguimento dei ricavi e del reddito minimo presunto. Ciò premesso, ai fini della verifica dei parametri di 'operatività' e del calcolo del reddito presunto, il valore dei beni immateriali indicati tra le 'Altre Immobilizzazioni' da prendere a riferimento – nella specie il marchio societario – è quello del costo rivalutato e non quello storico".

Cass., Sez. trib., ord. 3 novembre 2020, n. 24314, in *Banca Dati della Corte di Cassazione*, "*In tema di società di 'comodo', l'impossibilità per l'impresa di conseguire il reddito minimo secondo il meccanismo di determinazione di cui all'art. 30, comma 4-bis, della legge n. 724 del 1994, per situazioni oggettive di carattere straordinario, deve essere intesa non in termini assoluti, bensì elastici, identificandosi con uno specifico fatto, non dipendente dalla scelta consapevole dell'imprenditore, che impedisca lo svolgimento dell'attività produttiva con risultati reddituali ai parametri minimi legali ovvero ne ritardi l'avvio oltre il primo periodo di imposta*".

Prassi

Ris. Ag. Entr., 24 luglio 2007, n. 180/E, in *Documentazione tributaria* (**il testo integrale è riportato nella sezione on line, CASI**) (*verifica della non operatività: costi ad utilità pluriennale – "altre immobilizzazioni"*).

Circ. Ag. Entr., 19 giugno 2012, n. 25/E, in *Documentazione tributaria (riporto delle perdite).*

Circ. Ag. Entr., 15 febbraio 2013, n. 1/E, in *Documentazione tributaria (società in perdita sistematica).*

Circ. Ag. Entr., 4 marzo 2013, n. 3/E, in *Documentazione tributaria (maggiorazione Ires per le società non operative).*

Circ. Ag. Entr., 19 febbraio 2015, n. 6/E, in *Documentazione tributaria (società in perdita sistematica – estensione del "periodo di osservazione").*

Casi e Materiali

Per i documenti concernenti i *Casi* ed i *Materiali*, si rinvia ai contenuti telematici inseriti nella parte on line del Volume (§ 8 dei *Casi*; § 19 dei *Materiali*).

9. DETERMINAZIONE DELL'IVA IN FATTURA E TIPOLOGIA DELLE OPERAZIONI

Premessa

Un'operazione Iva si caratterizza per la sussistenza di precisi **presupposti:** oggettivo, soggettivo, territoriale.

Occorre, infatti, che si tratti di una "cessione di beni" o di una "prestazione di servizi" (presupposto **oggettivo**, artt. 2 e 3, d.p.r. 26 ottobre 1972, n. 633), realizzata nell'esercizio d'impresa, arti o professioni (presupposto **soggettivo**, artt. 4 e 5), effettuata in Italia (presupposto **territoriale**, art. 7).

A seconda della sussistenza o meno di tali presupposti è possibile suddividere le operazioni Iva in "rilevanti" – che producono obblighi perlomeno formali – e "non rilevanti" (o escluse).

Tra le operazioni rilevanti, sulle quali si tornerà in seguito, si suole distinguere tra imponibili, non imponibili ed esenti.

Quelle **imponibili** sono operazioni che integrano tutti e tre i presupposti previsti dalla normativa: di conseguenza, sono tali le cessioni di beni e le prestazioni di servizi realizzate nell'esercizio d'impresa, arti o professioni svolte nel territorio dello Stato italiano.

Quelle **non imponibili** sono operazioni che mancano del requisito della territorialità (cessioni alle esportazioni) ma per le quali sorgono tutti gli obblighi formali e sostanziali previsti dalla normativa Iva, compreso il diritto di detrazione del tributo assolto sugli acquisti.

Quelle **esenti** sono operazioni che, per ragioni di natura extrafiscale (sociali o politiche), pur soddisfacendo tutti e tre i presupposti Iva suindicati, non danno luogo al diritto di detrazione ma impongono il compimento di tutti gli adempimenti formali (fatturazione, registrazione, ecc.).

1. La base imponibile Iva

La base imponibile delle cessioni di beni e delle prestazioni di servizi è costituita dall'ammontare complessivo dei **corrispettivi** dovuti al cedente o prestatore secondo le condizioni contrattuali (art. 13 del d.p.r. 26 ottobre 1972, n. 633). In particolare, la base imponibile è costituita dal **prezzo**, compresi gli oneri e le spese inerenti all'esecuzione accollati al cessionario o committente, tra cui rientrano, ad esempio, i **costi accessori** (quali il trasporto, il montaggio, la posa in opera).

Oltre allo schema ordinario delle operazioni – nelle quali lo scambio tra prestazione e controprestazione è immediato, come immediata è la tassazione del relativo corrispettivo – il sistema dell'Iva prende in considerazioni numerose ipotesi eccezionali, frutto di un approccio inevitabilmente di tipo casistico, finalizzato a regolamentare quelle che sono fisiologiche o patologiche situazioni commerciali rinvenibili nel libero mercato.

Da un lato, ad esempio, concorrono a formare l'imponibile le somme versate dal cliente a titolo di **acconto** sul prezzo pattuito in previsione dell'esecuzione futura al verificarsi della quale è previsto il pagamento del corrispettivo a saldo.

Non concorre all'imponibile, a differenza dell'acconto, la **caparra confirmatoria** (art. 1385 c.c.) la quale non rappresenta un anticipo del prezzo pattuito bensì un onere di natura risarcitoria dovuto in caso di inadempimento contrattuale, ossia una liquidazione convenzionale anticipata del danno in caso di inadempimento di una delle parti.

È lo stesso decreto Iva a stabilire, infatti, che esulano dall'imponibile (art. 15) le somme aventi natura risarcitoria. Tra queste vi rientrano, espressamente, anche gli interessi moratori e le penalità per ritardi, mentre un regime a parte è stato accordato agli interessi di dilazione di pagamento qualificati come esenti (art. 10).

Nello specifico, per inquadrare il corretto trattamento ai fini Iva della suindicata diversificata disciplina degli **interessi**, occorre distinguere tra interessi **moratori** e interessi per **dilazioni di pagamento**.

I primi, come è noto, sono quelli dovuti in caso di **ritardo** nell'adempimento dell'obbligazione di pagamento.

I secondi, invece, si applicano quando le parti si accordano per la concessione al debitore di un maggior lasso di tempo per il pagamento.

Ai fini dell'applicazione dell'Iva, gli interessi moratori sono esclusi (art. 15), ossia non concorrono alla formazione del volume d'affari, esulano dalla base imponibile e non vi è obbligo di emissione della fattura.

Per contro, gli interessi per dilazioni di pagamento sono esenti – rientrando tra le operazioni di credito e di finanziamento – e come tali devono essere indicati in fattura, ma non assoggettati ad imposta.

ESEMPIO 9A *Calcolo della base imponibile*

La ditta Aris s.r.l. acquista dalla ditta Paok s.r.l. una partita di merci per euro 10.000,00 + Iva (22%); la contrattazione avviene secondo la clausola "franco magazzino venditore" secondo cui la merce deve essere consegnata al compratore – su cui gravano le spese di trasporto – c/o il magazzino del venditore. La ditta Paok s.r.l. spedisce la merce utilizzando, pertanto, i propri mezzi e sostenendo spese di trasporto pari a euro 2.000,00. Trattandosi di costi accessori, la ditta Paok s.r.l. dovrà calcolare l'Iva su:

Vendita merce	Spese di trasporto (art. 13)	Imponibile Iva	Iva (22%)	Totale fattura
€ 10.000,00	€ 2.000,00	€ 12.000,00	€ 2.640,00	€ 14.640,00

ESEMPIO 9B *L'acconto*

a) In data 26 marzo 2017, la Viola S.r.l. invia alla Rossi S.p.a. un bonifico bancario di euro 6.000,00 a titolo di acconto di una fornitura di materie prime dal valore complessivo di euro 65.000,00 + Iva (ossia euro 79.300,00). Il giorno dopo, la Rossi S.p.a. procede ad inviare al cliente la fattura relativa all'anticipo versato. In data 15 aprile 2017 viene inviata la materia prima rimanente ed il giorno successiva la relativa fattura, a saldo della fornitura.

La Rossi S.p.a. emette, dunque, due fatture, dall'importo come di seguito individuato:

a.1) Nella prima (d'acconto) si deve scorporare l'Iva dalla somma versata (euro 6.000,00):

Anticipo versato (Acconto)	Calcolo della base imponibile (acconto)	Base imponibile acconto	Iva su acconto
€ 6.000,00	€ 6.000,00 / 1,22	€ 4.918,00	€ 1.082,00

Perché dividere per 1,22? Perché, come noto, il Prezzo Finale (PF) è dato dalla Base Imponibile (BI) + Iva, ossia: 100 (BI) + 22 (Iva) = 122.

Ne consegue che: ***100 : 122 = BI : PF*** da cui $BI = \frac{PF \times 100}{122}$ quindi $BI = \frac{PF}{1,22}$

Nel nostro esempio: $BI = \frac{€\ 6.000,00 \times 100}{122}$ quindi $BI = \frac{€\ 6.000,00}{1,22}$

a.2) Nella seconda fattura (quella relativa al saldo) si deve procedere come indicato:

Fornitura Totale	Acconto (al netto Iva)	Base imponibile a saldo (al netto dell'acconto)	Iva a saldo
€ 65.000,00	€ 4.918,00	€ 60.082,00	€ 13.218,00

Pertanto, in conclusione e a riprova di quanto sopra, sommando le voci delle due fatture:

Base imponibile acconto	**Base imponibile saldo**	**Totale fornitura**
€ 4.918,00	€ 60.082,00	€ 65.000,00
Iva su acconto	**Iva su saldo**	**Totale Iva**
€ 1.082,00	€ 13.218,00	€ 14.300,00
Fattura acconto	**Fattura saldo**	**Totale fatture**
€ 6.000,00	€ 73.300,00	€ 79.300,00

ESEMPIO 9C *Base imponibile ed interessi*

a) L'impresa AEK s.r.l., il 1° gennaio 2017, vende al cliente Marco Viola merci per euro 2.500,00. Le parti stabiliscono il pagamento al 30 gennaio dello stesso anno. Tuttavia, alla scadenza convenuta, il debito non viene pagato: sull'importo dovuto scatta automaticamente il calcolo degli interessi moratori dal giorno successivo a quello della scadenza fino al momento dell'effettivo pagamento, che avviene il 15 marzo 2017. Tali interessi, applicati a titolo di penalità (art. 15), esulano dalla base imponibile; l'AEK s.r.l. ne potrà pretendere il pagamento attraverso un apposito documento di addebito (semplice lettera/diffida) sul quale apporre una marca da bollo da euro 2,00 (solo per gli importi superiori a euro 77,47).

b) L'impresa Panionios s.r.l. vende al cliente Marco Viola merci per euro 10.000,00. Le parti concordano che il pagamento della merce avverrà a 6 mesi dalla data della fattura, con pagamento degli interessi nella misura del 4%. Gli interessi così applicati sono interessi per dilazione di pagamento (art. 10), esenti ma da inserire in fattura, calcolati sull'importo totale della merce (euro 10.000,00).

2. Determinazione dell'Iva e fatturazione: le operazioni imponibili

Come anticipato, la neutralità dell'Iva è assicurata dal meccanismo della rivalsa e della detrazione. Tali istituti risultano di primaria importanza ai fini del calcolo e della determinazione del tributo. In breve, la **rivalsa** obbliga ogni soggetto passivo ad applicare il tributo sulle proprie fatture (ad es. di vendita), mentre la **detrazione** gli consente di detrarre il tributo assolto sugli acquisti. Alla fine di ogni periodo d'imposta il soggetto passivo dovrà, quindi, versare all'Erario la sola differenza del tributo ottenuta sottraendo l'Iva detraibile da quella esercitata in via di rivalsa. Nel caso in cui, poi, la prima risulti maggiore della seconda, si avrà diritto al **rimborso** dell'eccedenza. In conclusione, ad essere "colpiti" dal tributo sono soltanto gli utilizzatori finali del prodotto (i consumatori).

Ogni volta che un soggetto passivo pone in essere, ad esempio, un atto di vendita nell'esercizio della propria attività, questi è obbligato ad emettere un documento fiscale noto come **fattura**. In quest'ultima vanno indicati (art. 2): la data ed il numero progressivo di emissione che la identifichi in modo univoco; l'indicazione (ditta, denominazione o ragione sociale, nome e cognome, residenza o domicilio) del soggetto cedente o prestatore e relativa partita Iva; l'indicazione (ditta, denominazione o ragione sociale, nome e cognome, residenza o domicilio) del soggetto cessionario o committente e relativa partita Iva se questi agisce nell'esercizio d'impresa, arte o professione, altrimenti del relativo codice fiscale; natura, qualità e quantità dei beni e dei servizi oggetto dell'operazione; il corrispettivo e gli altri dati necessari per la determinazione della base imponibile; l'aliquota Iva applicata.

Nel caso delle operazioni non imponibili o esenti, al posto dell'Iva deve essere indicato il titolo che ne giustifica la non applicabilità ed il relativo riferimento normativo.

ESEMPIO 9D *Determinazione dell'Iva e Compilazione della fattura*

L'impresa produttrice di televisori Eagles s.p.a. vende materiale audio e video al rivenditore Lions s.r.l., dal valore complessivo di euro 5.000,00, sul quale applica l'Iva come per legge. L'impresa Lions s.r.l. acquista, pertanto, il materiale suindicato pagando un totale di euro 6.100,00 (euro 5.000,00 del valore della merce + il 22% di Iva pari a euro 1.100,00).

Una volta incassata l'Iva (euro 1.100,00) il produttore Eagles s.p.a. la versa all'Erario. Dal canto suo, invece, il rivenditore Lions s.r.l. procede alla successiva vendita al Sig. Marco Costa (consumatore finale) ad un prezzo di euro 6.500,00, sul quale applica la rivalsa. Il prezzo finale per il consumatore, quindi, è di euro 7.930,00 (euro 6.500,00 del valore della merce + il 22% di Iva pari a euro 1.430,00).

Tuttavia, in questo caso, l'impresa Lions s.r.l. non dovrà versare interamente l'Iva incassata allo Stato, ben potendo detrarre quella già pagata al produttore. L'impresa Lions s.r.l. dovrà, in conclusione, procedere al calcolo della differenza tra la rivalsa esercitata (Iva sulla vendita euro 1.430,00) e la detrazione di cui sopra (Iva sull'acquisto euro 1.100,00). L'importa da versare allo Stato sarà, quindi, pari a euro 330,00.

Complessivamente, dal quadro delineato, risulta chiaramente che l'impresa Eagles s.p.a. ha versato euro 1.100,00 e che la Lions s.r.l. ne ha versati euro 330,00. Tuttavia, attraverso il meccanismo della rivalsa e detrazione, il "peso" dell'imposta è stato in concreto sopportato interamente dal consumatore finale, il quale ha pagato euro 1.430,00 di Iva:

Soggetto	Iva in rivalsa	Iva in detrazione	Versamento dell'Iva	Pagamento dell'Iva
Eagles s.p.a.	€ 1.100,00		€ 1.100,00	
Lions s.r.l.	€ 1.430,00	€ 1.100,00	€ 330,00	
Sig. Costa				€ 1.430,00

3. (*segue*) Le operazioni non imponibili: l'esportatore abituale ed il c.d. *plafond*

Oltre alle operazioni imponibili che, previa fatturazione e registrazione, concorrono alla determinazione del volume d'affari, vi sono altre tipologie di operazioni che, pur generando oneri di natura formale, sono sottratte ad imposizione: trattasi delle operazioni non imponibili (artt. 8, 8 *bis* e 9) e di quelle esenti (art. 10).

Le operazioni non imponibili, poiché **rilevanti**, scontano obblighi di **fatturazione** e registrazione, concorrono alla formazione del volume d'affari del contribuente e consentono di recuperare l'Iva assolta sugli acquisti; tuttavia non sono assoggettate al tributo in quanto carenti del requisito della **territorialità**, concretizzandosi nelle cessioni all'esportazione, nelle operazioni ad esse assimilate e nei servizi internazionali o connessi agli scambi internazionali, compresi quelli con la Città del Vaticano, S. Marino, nonché quelle effettuate in base a specifici trattati (artt. 71 e 72).

Da quanto indicato si evince che ogni esportazione genera un **credito Iva** da parte dell'esportatore verso lo Stato (pari all'imposta assolta sugli acquisti). Ciò comporta un significativo esborso di denaro da parte dello Stato, specie nei confronti dei creditori Iva **esportatori abituali**.

Per evitare ciò è stato istituito lo strumento del c.d. ***plafond***, applicabile per l'appunto a quei soggetti che effettuano abitualmente operazioni con l'estero. Tale strumento prevede la possibilità di procedere ad **acquisti** di beni e servizi in sospensione d'Iva, ossia senza l'applicazione dell'imposta (nei limiti del *plafond* stesso).

Lo *status* di esportatore abituale sussiste solamente laddove le cessioni all'esportazione e le operazioni assimilate superino il 10% del volume d'affari dell'anno solare o dei 12 mesi precedenti. L'importo delle operazioni di esportazione annotate nel periodo di riferimento (anno solare o 12 mesi precedenti) costituisce il *plafond.*

L'esportatore abituale, prima di ogni operazione, deve consegnare (o spedire) a ciascun fornitore interessato la c.d. **dichiarazione di intenti** di acquistare beni e servizi senza applicazione Iva. Nella fattura che il fornitore emetterà dovrà necessariamente inserire una dicitura del tipo "*fattura emessa ai sensi dell'art. 8, c. 1., lett. c, del D.P.R. 633\72 non imponibile Iva, giusta Dichiarazione di Intento da Voi emessa il giorno __ al numero progressivo assegnato __ e da Noi registrata il giorno __, annotata al numero progressivo __*".

ESEMPIO 9E *Calcolo del plafond*

L'impresa Aris s.r.l., nel corso dell'anno 2017, ha effettuato cessioni all'estero per un ammontare pari a euro 328.000,00 con un volume d'affari di euro 680.000,00. All'inizio dell'anno 2018 l'impresa, per prima cosa, verifica se può considerarsi un esportatore abituale. Il calcolo da effettuare è dato dal rapporto tra le cessioni effettuate all'estero nell'anno solare precedente, ed il volume d'affari relativo all'anno solare precedente.

Quindi: euro 328.000,00 / euro 680.000,00 = 0,48.

Poiché tale rapporto (0,48) è superiore a 0,10, l'impresa Aris s.r.l. può considerarsi un esportatore abituale. Il *plafond* disponibile nel corso dell'anno 2018 è pari a euro 328.000,00 (le cessioni all'estero effettuate nel 2017); questo significa che, nel corso dell'anno 2018, l'impresa Aris s.r.l. potrà effettuare acquisti in sospensione d'imposta fino all'importo massimo suindicato, purché proceda ad inviare, a ciascun fornitore, tempestivamente e preliminarmente, l'apposita dichiarazione di intento (numerata per data di emissione) di acquistare il bene senza applicazione dell'Iva.

4. (*segue*) Le operazioni esenti

Le operazioni esenti – disciplinate, a livello europeo, dagli artt. 132 e ss. della Direttiva 2006/112/CE e, sul piano domestico, dall'art. 10 del d.p.r. n. 633/1972 – hanno carattere oggettivo e devono essere interpretate restrittivamente in quanto costituiscono una **eccezione** al principio della neutralità.

Come anticipato, sono molteplici i motivi – specie di carattere sociale – che hanno spinto il legislatore all'individuazione di apposite esenzioni al fine di non gravare, con l'Iva, prestazioni che interessano l'intera collettività (servizi di trasporti pubblici, prestazioni sanitarie e scolastiche, ecc.).

Tali operazioni non sono soggette al pagamento dell'imposta e non consentono di recuperare l'Iva pagata su acquisti: ne consegue che i soggetti che pongono in essere solo operazioni esenti sono ad un tempo "soggetti incisi e percossi", poiché non possono detrarre l'Iva pagata sugli acquisti; per i soggetti, invece, che pongono in essere sia operazioni imponibili, sia operazioni esenti, si applica il principio del c.d. ***pro-rata Iva*** (v. cap. 10).

In ogni caso, in quanto "rilevanti", le operazioni esenti concorrono a formare il volume d'affari Iva e devono quindi essere fatturate e registrate. Infine, in luogo dell'indicazione dell'imposta, la fattura dovrà recare, espressamente, l'annotazione che trattasi di un'operazione esente, specificando altresì la relativa norma di riferimento.

5. Il *reverse charge*

La c.d. "inversione contabile" prevede che, in **deroga** al principio generale, sia il destinatario di una cessione di beni o di una prestazione di servizi – qualora soggetto passivo nel territorio dello Stato – ad assolvere l'imposta in "sostituzione" del cedente o del prestatore.

A livello operativo, il cedente deve emettere una fattura senza Iva **indicando** che, per effetto di apposite disposizioni, l'operazione è soggetta a *reverse charge*; a sua volta il destinatario la deve **integrare** indicando l'aliquota Iva dell'operazione, e successivamente la deve registrare.

Inizialmente tale meccanismo era applicato prevalentemente nei rapporti intracomunitari, al fine di evitare la detrazione dell'Iva applicata da fornitori esteri ed incassata, quindi, da Stati esteri; in seguito alla Legge di Stabilità 2015 (legge 23 dicembre 2014, n. 190), il *reverse charge* è stato **esteso** a molte operazioni interne, specificamente individuate (cessioni imponibili di oro da investimento; prestazioni di servizi, anche di manodopera, nei settori edili da soggetti subappaltatori; prestazioni di servizi di pulizia, demolizione, installazione impianti e completamento edifici; cessioni di personal computer e loro componenti, ecc.). Ulteriori estensioni al campo d'applicazione della c.d. inversione contabile sono state apportate dal d.l. 26 ottobre 2019, n. 124 (c.d. *Decreto Fiscale*) interessando così anche gli appalti e subappalti che prevedono l'utilizzo di manodopera.

ESEMPIO 9F *Il reverse charge*

Cedente/Prestatore

↓

Fattura senza Iva con indicazione del numero di P.Iva del cessionario/committente e della norma di riferimento (*es.* art. 17, d.p.r. n. 633/1972).

↓

Cessionario/Committente

↓

Reverse Charge: integrazione della fattura ed annotazione della stessa – integrata – sui registri Iva vendite ed Iva acquisti.

Si prenda ora il caso della Unico s.r.l., fornitrice di materiale tecnologico quale hardware, software, tablet, ecc. che procede alla vendita di uno *stock* di PC al rivenditore Beta s.r.l., anch'esso soggetto Iva con domicilio fiscale in Italia, per il valore complessivo di euro 10.000.

Avvenuto il pagamento, la Unico s.r.l. procede con l'emissione di fattura, indicando l'oggetto dell'operazione nonché l'apposita dicitura: *operazione senza addebito Iva ai sensi dell'art. 17, comma 6, lett. c), d.p.r. 26 ottobre 1972, n. 633 (reverse charge).*

Dal canto suo, la Beta s.r.l. procede con l'emissione di un'autofattura a integrazione del documento in *reverse charge*, ed al versamento della relativa Iva:

Imponibile	**Iva (22%)**	**Totale fattura**
€ 10.000,00	€ 2.200,00	€ 12.200,00

APPROFONDIMENTI

Dottrina

MONTANARI, *Le operazioni esenti nel sistema dell'IVA*, Torino, 2013.

GALLO, *Nuovi profili dell'imposta sul valore aggiunto: verso una disciplina definitiva*, in *Dir. prat. trib.*, 2018, 5, 1873.

D'ALFONSO, *Plafond Iva: la dichiarazione di intento non vincola il fornitore dell'esportatore abituale*, in *Pratica Fiscale e Professionale*, 2018, 47-48, 41.

CAPELLO, *La giurisprudenza della Corte di Giustizia in materia di IVA (2015-2019)*, in *Dir. prat. trib.*, 2020, 3, 1238.

GAVIOLI, *Iva in sospensione di imposta: rileva la fattura per verificare il rispetto del plafond*, in *L'IVA*, 2020, 1, 37.

Giurisprudenza

CGUE, Sez. I, 4 ottobre 2017, n. 273, in *L'IVA*, 2018, 3, 33, con nota di MAZZA-MAFFI, *Non imponibilità per le prestazioni di servizi connesse all'importazione di beni di valore trascurabile: "Le spese di trasporto relative ad importazioni di merci di valore trascurabile sono esenti da Iva, nei limiti in cui le stesse siano comprese nella base imponibile dell'operazione esente dall'Iva all'importazione"*.

Cass., Sez. trib., 8 febbraio 2019, n. 3736, in *Fisconline*, "*In ordine all'Iva, il versamento di una caparra confirmatoria a corredo di un preliminare di vendita, rimasto inadempiuto, non determina l'insorgenza del presupposto impositivo, in quanto assolve una funzione di risarcimento forfettario del danno e non di anticipazione del corrispettivo e, pertanto, non costituendo il corrispettivo di una prestazione, non fa parte della base imponibile dell'Iva*".

Cass., Sez. trib., 12 novembre 2019, n. 29180, in *Il Fisco*, 2019, 47-48, 4567, con nota di DENARO, *Non è soggetta ad Iva l'indennità per la perdita di avviamento commerciale non avendo natura di corrispettivo*: "*L'indennità da perdita dell'avviamento commerciale spettante al conduttore dell'immobile alla cessazione del rapporto locativo a norma dell'art. 34 della l. n. 392 del 1978 è esclusa dal computo della base imponibile, ai sensi dell'art. 15 del d.P.R. n. 633 del 1972, non essendo per essa ravvisabile il 'nesso diretto' richiesto dalla giurisprudenza unionale, tra prestazione (del conduttore) e corrispettivo (del locatore), atteso che l'obbligazione di corrispondere tale indennità non si colloca sul piano del sinallagma contrattuale perché sorge quando il rapporto è già cessato e assolve, quale obbligazione 'ex lege' attinente allo scioglimento del contratto, la duplice funzione, da un lato, di compensare il conduttore della perdita dell'avviamento, dall'altro, di distribuire equitativamente alcune delle esternalità positive rimaste in capo al locatore – in termini di incremento del valore locatizio ricollegabile all'avviamento indotto dall'attività imprenditoriale svolta dal conduttore – su chi ha concorso a incrementarle, ripristinando, così, l'equilibrio degli effetti dello scioglimento contrattuale*".

Com. Trib. Reg. Lombardia, Milano, Sez. I, 28 gennaio 2020, n. 209, in *Dir. prat. trib.*, 2020, 4, 1705, con nota di DEGANI, *L'inclusione delle accise nella base imponibile IVA: tra nesso diretto e principio di corrispettività* (**il testo della sentenza è riportato nella sezione on line, CASI**): "*Le accise sull'energia elettrica (come quelle sul gas naturale, in virtù del rinvio operato dall'art. 26, T.U.A.) dovute dal soggetto obbligato all'Amministrazione rientrano nella base imponibile IVA a condizione che le stesse siano state effettivamente traslate sul consumatore finale ai sensi dell'art. 16, comma 3, T.U.A., poiché solo in questo caso entrano a fare parte del prezzo pagato da quest'ultimo e vengono a costituire un elemento del costo del prodotto venduto*".

Cass., Sez. trib., 3 novembre 2020, n. 24289, in *Il Fisco*, 2020, 46, 4480, con nota di PEIROLO, *Ammessa la detrazione dell'Iva non dovuta solo in caso di errore di aliquota* (**il testo della sentenza è riportato nella sezione on line, CASI**): "*In tema di IVA, l'imposta erroneamente corrisposta in relazione ad un'operazione non imponibile non può essere portata in detrazione dal cessionario, nemmeno a seguito della modifica apportata dall'art. 1, co. 935, della legge n. 205 del 2017 all'art. 6, co. 6, del D. Lgs. n. 471 del 1997. Invero indipendentemente dalla sua efficacia retroattiva, la menzionata disposizione si applica unicamente alla diversa ipotesi in cui, a seguito di un'operazione imponibile, l'Iva sia stata erroneamente corrisposta sulla base di una aliquota maggiore rispetto a quella effettivamente dovuta, anche quando riguardi una somma capitale soggetta ad Iva (cassa decide, Comm. Trib. Reg. Lazio, 28/10/2008)*".

Prassi

Ris. Ag. Entr., 10 gennaio 2013, n. 1/E, in *www.agenziaentrate.gov.it* (fatturazione).

Circ. Ag. Entr., 19 febbraio 2015, n. 4E in *www.agenziaentrate.gov.it* (acconto).

Ris. Ag. Entr., 6 febbraio 2017, n. 16E, in *www.agenzientrate.gov.it* (plafond Iva).

Ris. Ag. Entr., 11 agosto 2017, n. 111E in *www.agenzientrate.gov.it* (reverse charge).

Casi e Materiali

Per i documenti concernenti i *Casi* ed i *Materiali*, si rinvia ai contenuti telematici inseriti nella parte on line del Volume (§ 9 dei *Casi*; §§ 21 e 23 dei *Materiali*).

10. RETTIFICA DELLA DETRAZIONE E *PRO RATA* IVA

Sommario: Premessa. – 1. Il regime del *pro rata*. – 2. La rettifica della detrazione.

Premessa

La funzione degli istituti in questione è tra loro speculare, nel senso che, mentre quella del ***pro rata*** è di consentire ad un soggetto che pone in essere, sia operazioni imponibili e non imponibili, sia operazioni esenti, di detrarre, parzialmente, il tributo assolto sugli acquisti, quella della **rettifica della detrazione** è di recuperare l'Iva detratta sugli acquisti a fronte di operazioni che, a valle, non hanno generato materia imponibile.

In altri termini, entrambi gli istituti hanno la funzione di ripristinare la neutralità del meccanismo applicativo dell'Iva, sotto il profilo del diritto alla detrazione, perno attorno al quale ruota tutto il sistema dell'Iva.

Occorre, infatti, ricordare taluni principi fondamentali dettati dalla normativa italiana (la quale, a sua volta, è diretta attuazione di quella europea contenuta nella Direttiva 2006/112/CE).

Nel sistema dell'Iva, il sorgere del diritto alla detrazione dipende, oltre che dall'inerenza dell'acquisto, dalla destinazione finale del bene o servizio acquisito, ovvero, dal fatto che le operazioni a valle, aventi ad oggetto tali beni o servizi, siano anch'esse imponibili, essendo, peraltro, concesso al soggetto passivo il diritto di detrarre immediatamente l'Iva sugli acquisti, senza attendere il successivo impiego del bene medesimo.

Un'unica eccezione è prevista per le operazioni non imponibili, in quanto carenti del requisito della territorialità, per le quali è concesso il diritto di detrazione per il tributo assolto sugli acquisti.

In base all'art. 19, co. 2, d.p.r. n. 633/1972, invece, "non è detraibile l'imposta relativa all'acquisto od alla importazione di beni e servizi afferenti operazioni esenti o, comunque, non soggette ad imposta" (cosiddetto "principio della indetraibilità analitica"). Il ***pro rata*** costituisce una "deroga" a tale regime, nel senso che, se non è evidenziabile un legame diretto tra acquisti e specifiche operazioni che non sono soggette ad imposta, la quota di indetraibile viene determinata in maniera forfetaria.

Sotto il profilo temporale, poi, il diritto di detrazione viene esercitato in un momento in cui si suppone che il bene od il servizio acquistato venga utilizzato per il compimento di operazioni soggette al tributo. Ma se il bene od il servizio acquistato viene utilizzato in maniera diversa rispetto all'impiego "prospettico", la detrazione operata deve essere «rettificata» (c.d. **rettifica della detrazione**).

Quindi, gli istituti in questione devono essere analizzati tenendo conto della funzione che gli stessi assolvono nel sistema dell'Iva.

1. Il regime del *pro rata*

Il ***pro rata*** è disciplinato dagli artt. 19, co. 5 e 19 *bis*, d.p.r. n. 633/1972, i quali trovano applicazione nei confronti dei soggetti che compiono, contemporaneamente, operazioni esenti ed operazioni imponibili o non imponibili.

In base a tali disposizioni, infatti, i contribuenti che esercitano, sia attività che danno luogo ad operazioni imponibili (o non imponibili in relazione alle quali, come detto, sussiste il diritto di detrazione), sia attività che danno luogo ad operazioni esenti di cui all'art. 10 del d.p.r. n. 633/1972, devono operare la detrazione dell'Iva a monte in base ad una percentuale (***pro rata***), data dal rapporto tra l'ammontare delle operazioni imponibili ed assimilate nell'arco di un anno e l'importo complessivo delle operazioni imponibili, assimilate ed esenti, effettuate nell'anno stesso.

Il co. 2 dell'art. 19 *bis*, poi, prevede una serie di operazioni che non devono essere considerate nel calcolo della percentuale di detraibilità dell'Iva, per le quali, comunque, deve essere applicato il regime di indetraibilità analitica. Tali esclusioni, in particolare, riguardano alcune operazioni escluse (quali, per esempio, le operazioni di conferimento in società o la cessione di talune tipologie di beni), le cessioni che hanno per oggetto beni acquistati o importati senza il diritto alla detrazione totale della relativa imposta, nonché, in generale, le operazioni accessorie alle imponibili.

In ultima analisi, appare opportuno evidenziare che, al fine di evitare gli effetti preclusivi del ***pro rata*** di detraibilità, l'art. 36, d.p.r. n. 633/1972 prevede, in via opzionale, per coloro che esercitano più attività, la possibilità di separarle. In tal modo, l'applicazione dell'imposta avviene in maniera autonoma per ciascuna attività e, quindi, non trova applicazione la percentuale di detraibilità/indetraibilità derivante dal meccanismo in questione.

ESEMPIO 10A *Pro rata in presenza di operazioni imponibili ed esenti*

La società per azioni Alfa S.p.a., nel corso del 2012, pone in essere acquisti di materie prime sui quali matura un'imposta integralmente detraibile pari a 150.000 euro. Inoltre, nel corso del medesimo arco temporale, la Alfa S.p.a. effettua operazioni imponibili per 500.000 euro.

La medesima società, tuttavia, oltre a svolgere una attività che dà luogo ad operazioni imponibili Iva, esercita anche una attività di finanziamento ai propri clienti, dunque esente, in relazione alla quale vengono effettuate operazioni per 280.000 euro.

A questo punto, in base al meccanismo del ***pro rata***, occorre verificare quale sia la quota di Iva detraibile spettante alla società.

***Pro rata* di detraibilità**

$$\frac{500.000\ (\text{op. imponibili})}{500.000\ (\text{op. imponibili}) + 280.000\ (\text{op. esenti})} = 0{,}64103$$

Quindi, percentualizzando il risultato ottenuto (ed arrotondandolo), avremo una percentuale di detraibilità del tributo pari al 64%.

L'Iva sugli acquisti detraibile sarà, dunque, pari a 150.000 × 0,64 = 96.000 euro

ESEMPIO 10B *Pro rata in presenza di operazioni imponibili, esenti ed escluse*

Valutiamo ora il caso di un soggetto che pone in essere più tipologie di operazioni.

La società Beta S.p.a., che esercita attività che danno luogo ad operazioni imponibili, esenti e fuori campo Iva per carenza di territorialità. Queste ultime, in particolare, danno, comunque, diritto alla detrazione ai sensi dell'art. 19, co. 3, d.p.r. n. 633/1972.

Nel periodo di riferimento, dunque, la società Beta presenta la seguente situazione:

- Iva detraibile: 95.000
- Volume d'affari complessivo: 955.000 euro
- Operazioni "fuori campo" Iva per carenza di territorialità *ex* art. 7: 15.000 euro
- Operazioni esenti: 300.000 euro
- Operazioni accessorie a quelle imponibili: euro 7.000

Per calcolare il ***pro rata*** occorrerà procedere verificando, preliminarmente, quali siano le operazioni che danno diritto alla detrazione dell'Iva assolta sugli acquisti. Nel caso qui prospettato, quindi, avremo al numeratore: 955.000 – 300.000 + 15.000 = 670.000

Al denominatore avremo: 955.000 + 15.000 – 7.000 = 963.000

***Pro rata* di detraibilità**

$$\frac{670.000\ (\text{ammontare di operazioni che danno diritto alla detrazione})}{963.000\ (\text{totale delle operazioni Iva} - \text{operazioni accessorie})} = 0{,}7\ (\text{arrotondato})$$

In seguito alla applicazione del ***pro rata*** (95.000 × 70%), avremo un'Iva detraibile pari a 66.500 euro.

2. La rettifica della detrazione

La **rettifica della detrazione** è disciplinata dall'art. 19-*bis*, d.p.r. n. 633/1972 e riguarda, sostanzialmente, le seguenti ipotesi:

1) **rettifica** per variazione di utilizzo dei beni, non ammortizzabili;
2) **rettifica** per variazione di utilizzo di beni ammortizzabili;
3) **rettifica** per mutamento di regime;
4) **rettifica** per variazione nella detrazione di acquisti di anni precedenti.

Il caso tipico è quello dei beni ammortizzabili per i quali è prevista la detrazione integrale dell'Iva nell'anno in cui viene acquistato il bene ma che, successivamente, vengono destinati ad attività che non danno luogo al diritto di detrazione.

Vi è poi una ipotesi che evidenzia la stretta correlazione con il regime del ***pro rata***, ovvero la cosiddetta **rettifica** per "variazione del ***pro rata***": la detrazione forfettaria prevista dall'art. 19 *bis* del d.p.r. n. 633/1972 deve essere "rettificata" secondo il cosiddetto ***pro rata*** *temporis*, cioè in base alle variazioni della percentuale di detrazione che si verificano in un determinato arco di tempo. La percentuale di detraibilità, quindi, può mutare di anno in anno, per effetto di un mutamento del rapporto tra volume di affari complessivo ed operazioni che non danno diritto alla detrazione (perché, per esempio, aumenta la percentuale delle operazioni esenti). La **rettifica della detrazione** deve essere effettuata se il ***pro rata*** di detrazione subisce un mutamento superiore a dieci punti percentuali.

La funzione di tale meccanismo è quello di ripristinare il necessario rapporto di inerenza tra operazioni sugli acquisti ed operazioni attive che danno diritto alla detrazione del tributo.

Sul piano temporale, la **rettifica della detrazione** deve essere effettuata nella dichiarazione relativa al periodo d'imposta in cui si è verificato l'evento che ha determinato la **rettifica** stessa.

ESEMPIO 10C *Rettifica della detrazione per mutamento di destinazione di beni strumentali*

Un imprenditore operante nel settore della produzione di prodotti dolciari acquista, nel 2009, un impianto per produrre biscotti al prezzo di 10.000 euro ammortizzabile, fiscalmente, in 5 anni. L'Iva, pari a 2.100 euro, è stata integralmente detratta nel 2009 in quanto vale la regola della detraibilità integrale nel periodo d'imposta dell'acquisto (a prescindere dalla messa in funzione del bene).

Nel 2012, l'imprenditore decide di destinare il suddetto impianto ad un altro ramo della propria attività, ovvero la produzione di pasta fresca (attività, come noto, non soggetta ad imposizione, secondo quanto disposto dall'art. 2, d.p.r. n. 633/1972).

In tal caso, trattandosi di operazione esclusa, il mutamento di destinazione del cespite ammortizzabile comporta l'obbligo di rettificare la detrazione originariamente operata.

La **rettifica** va effettuata nella misura di 1/5 per ogni anno mancante al compimento del quinquennio (art. 19 *bis*[2], co. 2), cioè quello di entrata in funzione del bene al quale sommare i quattro successivi ancora rimanenti.

Nel nostro esempio, quindi, avremo la seguente situazione:

Calcolo rettifica della detrazione
2.100 (Iva detratta nel 2009) × 1/5 (parametro di riferimento) × 2 (anni mancanti al compimento del quinquennio) = euro **840 (quota di Iva indetraibile da recuperare in dichiarazione)**

ESEMPIO 10D *Rettifica della detrazione nel caso di mutamento della percentuale di pro rata*

La società Alfa, nel 2012, acquista un macchinario ammortizzabile in 5 anni al prezzo di 100.000 euro. L'acquisto di tale bene determina in capo alla società un'Iva detraibile pari a 21.000 euro.

La società Alfa, tuttavia, non può detrarre, integralmente, il tributo in quanto deve applicare una percentuale di ***pro rata*** pari al 50% stante la contemporanea effettuazione di operazioni esenti. Quindi, l'Iva detraibile sarà pari a 10.500 euro.

Nel 2013, tuttavia, la medesima società è soggetta ad una variazione percentuale di ***pro rata*** dal 50 al 75% ed, in tale periodo, avviene la vendita di tale macchinario per 18.000 euro. La vendita determina un'Iva a **debito pari ad euro 3.780**.

Secondo il meccanismo della **rettifica della detrazione**, il contribuente avrebbe diritto a recuperare in un'unica soluzione 1/5 dell'imposta per ogni anno del rimanente periodo di ammortamento (4 anni). Tale somma si calcolerà dalla differenza tra la nuova percentuale di ***pro rata*** del 75%, corrispondente a 21.000 euro × 75%, e la vecchia percentuale di ***pro rata*** (21.000 × 50%), corrispondente a 10.500 euro.

Pertanto, nel caso di specie avremmo: **[(15.750 – 10.500)/5] × 4 = 4.200**

Tuttavia, abbiamo visto in precedenza che l'Iva a debito derivante dalla cessione è pari a 3.780 euro: quindi, il contribuente recupererebbe un'Iva maggiore rispetto a quella che andrebbe a versare. In tal caso, l'imposta recuperabile (dato che il ***pro rata*** è aumentato rispetto all'anno di acquisto del bene ammortizzabile) non può superare quella dovuta. Infatti, l'art. 19 *bis*[2], co. 6, dispone espressamente che, "*in caso di cessione di un bene ammortizzabile durante il periodo di rettifica, la* ***rettifica della detrazione*** *va operata in unica soluzione per gli anni mancanti al compimento del periodo di rettifica, considerando a tal fine la percentuale di detrazione pari al cento per cento se la cessione è soggetta ad imposta, ma l'ammontare dell'imposta detraibile non può eccedere quello dell'imposta relativa alla cessione del bene*". Pertanto, dalla **rettifica della detrazione** potranno essere recuperati **3.780** euro, anziché 4.200.

ESEMPIO 10E *Rettifica della detrazione nel caso di cessione di bene immobile*

La società di costruzioni Gamma S.p.a., nel 2007 ha terminato la costruzione di un immobile sostenendo costi di ingente ammontare ed in relazione ai quali ha maturato un'Iva integralmente detraibile per **80.000** euro. Nel corso di tale periodo d'imposta, infatti, la medesima società non ha effettuato operazioni esenti e, quindi, non è stata assoggettata al regime del ***pro rata*** (pari, quindi, al 100%).

Nel 2013, tuttavia, la Gamma S.p.a. cede l'immobile in precedenza costruito.

Nel medesimo periodo d'imposta, la società effettua, altresì:

- Operazioni imponibili per euro 500.000
- Operazioni esenti per euro 200.000

Nel periodo d'imposta 2013, quindi, dovrà essere applicato il metodo del ***pro rata***, concorrendo alla formazione del volume d'affari, sia una quota di operazioni che danno diritto alla detrazione, sia operazioni esenti.

Quindi, nel 2013 il ***pro rata*** sarà pari alla seguente frazione:

***Pro rata* di detraibilità**

$$\frac{500.000\ \text{€ (ammontare di operazioni che danno diritto alla detrazione)}}{700.000\ \text{(totale delle operazioni Iva)}} = 0{,}7\ \text{(arrotondato)}$$

Conseguentemente, nel 2013 il ***pro rata*** subirà un mutamento (rispetto al periodo 2007) dal 100% al 70%, superiore, quindi, a dieci punti percentuali, dovendosi ricorrere ad una **rettifica della detrazione** effettuata in precedenza. La rettifica, inoltre, risulta dovuta in quanto l'art. 19 *bis*[2], co. 8, prevede, per i beni immobili, un periodo di "osservazione fiscale" pari a 10 anni (non ancora trascorsi dalla data di ultimazione).

In termini numerici, quindi, avremo la seguente situazione:

Iva detratta nel periodo d'imposta di ultimazione (2007): **80.000** euro

Pro rata 2007: 100%

Pro rata 2013: 70%

Anni ancora mancati per "uscire" dal regime della **rettifica**: 5 anni

In base a tali dati occorre calcolare l'Iva che sarebbe stata detraibile nel 2013 in applicazione del nuovo ***pro rata***: 80.000 euro × 70% = **56.000 euro**

Quindi, il tributo su cui calcolare la **rettifica** è pari a: (80.000 euro – 56.000 euro) = 24.000 euro

Il metodo per calcolare la **rettifica della detrazione** da effettuare nella dichiarazione 2013 (ovvero periodo d'imposta in cui avviene la cessione) sarà, quindi, il seguente:

Quota di Iva indetraibile

$$\frac{\begin{array}{c}24.000\ \text{€ (differenza di Iva in applicazione}\\ \text{del mutamento del } \textit{pro rata}) \times 5\ \text{(anni mancanti)}\end{array}}{10\ \text{(totale anni di “osservazione” fiscale)}} = \textbf{12.000 euro (quota di Iva da rettificare)}$$

APPROFONDIMENTI

Dottrina

GIORGI M., *Detrazione e soggettività passiva nel sistema dell'imposta sul valore aggiunto*, Padova, 2005.

MONTANARI, *Le operazioni esenti nel sistema dell'Iva*, Torino, 2013.

MERCURI, *Riflessioni sul pro rata Iva alla luce della recente giurisprudenza della corte di giustizia*, in *Dir. prat. trib.*, 2018, I, 1700.

Giurisprudenza

Cass., 5 dicembre 2018, n. 31419, in *Ipsoa Big Suite* (**il testo è riportato nella sezione on line, CASI**): "*In tema di IVA, l'esercizio esclusivo di operazioni esenti da parte di un imprenditore comporta la totale indetraibilità dell'imposta assolta sugli acquisti, atteso che, ai sensi del D.P.R. 26 ottobre 1972, n. 633, art. 19, comma 3° la riduzione proporzionale della detrazione dell'imposta assolta sugli acquisti (cosiddetto 'pro – rata') non è limitata all'ipotesi in cui l'impresa compia congiuntamente operazioni esenti e non esenti, ma è applicabile – in tal caso nella misura del 100 per cento – anche quando l'impresa compia esclusivamente operazioni esenti;*".

Cass., 16 marzo 2018, n. 6486, in *CED Cassazione*, 2018: "*In tema di IVA, per verificare se una determinata operazione attiva rientri, o meno, nell'attività propria di una società, ai fini dell'inclusione nel calcolo della percentuale detraibile in relazione al compimento di operazioni esenti (cd. 'pro rata'), occorre avere riguardo, non già all'attività previamente definita dall'atto costitutivo come oggetto sociale, ma a quella effettivamente svolta dall'impresa, atteso che, ai fini dell'imposta, rileva il volume d'affari del contribuente, costituito dall'ammontare complessivo delle cessioni di beni e delle prestazioni di servizi effettuate, e, quindi, l'attività in concreto esercitata*".

CGCE, 31 maggio 2018, C-660/16, in *www.curia.eu* (**il testo è riportato nella sezione on line, CASI**): "*Gli articoli 65 e 167 della direttiva 2006/112/CE devono essere interpretati nel senso che... il diritto a detrazione dell'imposta sul valore aggiunto riguardante il versamento di un acconto non può essere negato al potenziale acquirente dei beni in questione, in una situazione in cui tale acconto è stato versato e riscosso e, al momento di tale versamento, si poteva considerare che tutti gli elementi rilevanti della futura cessione erano noti a tale acquirente e la cessione di tali beni sembrava in quel momento certa. Un siffatto diritto potrà tuttavia essere negato al suddetto acquirente qualora si accerti, alla luce di elementi oggettivi, che, al momento del versamento dell'acconto, egli sapeva o non poteva ragionevolmente ignorare che la realizzazione di tale cessione era incerta*".

CGCE, 28 maggio 2020, C-684-18, in *www.curia.eu* "*L'articolo 185 della direttiva 2006/112/CE del Consiglio, del 28 novembre 2006, relativa al sistema comune d'imposta sul valore aggiunto, dev'essere interpretato nel senso che le autorità tributarie nazionali devono imporre a un soggetto passivo una rettifica della detrazione del-*

l'imposta sul valore aggiunto operata inizialmente, qualora, a seguito dell'ottenimento, da parte di quest'ultimo, di riduzioni di prezzo su cessioni interne di beni, tali autorità ritengano che la detrazione operata inizialmente fosse superiore a quella cui tale soggetto passivo aveva diritto".

Cass., 25 giugno 2020, n. 12689, in *CED Cassazione*, 2020: "*In tema di IVA, costituiscono proventi di un'attività strumentale ed accessoria, tale da non concorrere al calcolo della percentuale di detraibilità dell'IVA 'pro rata', quelli derivanti da un'attività assolutamente episodica e, quindi, estranea a quella propria dell'impresa contribuente, dovendosi accertare detta occasionalità in concreto e non in base alle mere previsioni statuarie, avuto riguardo all'attività svolta in via prevalente dall'impresa, con particolare riferimento all'ammontare complessivo dei ricavi derivanti dall'una rispetto a quelli provenienti dall'altra attività. (In applicazione del principio, la S.C. ha cassato la sentenza impugnata nella parte in cui ha affermato la natura accessoria dell'attività di gestione di 'slot machine' svolta negli stessi locali adibiti ad attività principale di bar senza accertare in concreto come essa contribuisse alla generazione dei ricavi)*".

Prassi

Ris. Ag. Entr., 31 ottobre 2002, n. 344/E, in *www.finanze.it* (*Rettifica della detrazione in caso di cessione di ramo d'azienda*).

Ris. Ag. Entr., 30 luglio 2007, n. 196/E, in *Corr. trib.*, 2007, 2875 (**il testo è riportato nella sezione on line, CASI**) (*Rettifica della detrazione in caso di acquisto di beni immobili ad uso abitativo e successiva variazione di destinazione*).

Ris. Ag. Entr., 20 ottobre 2008, n. 390/E, in *www.finanze.it* (*Rettifica della detrazione per estromissione immobili di imprenditore individuale*).

Circ. Ag. Entr., 30 maggio 2012, n. 17/E, in *Il Fisco*, 2012, 3995 (*Rettifica della detrazione nel passaggio da regime Iva ordinario a regima agevolato*).

Casi e Materiali

Per i documenti concernenti i *Casi* ed i *Materiali*, si rinvia ai contenuti telematici inseriti nella parte on line del Volume (§ 10 dei *Casi*; §§ 21 e 23 dei *Materiali*).

11. DETERMINAZIONE DELL'IRAP

Sommario: Premessa. – 1. La determinazione della base imponibile per le società in contabilità ordinaria (diverse dalle banche e dalle assicurazioni). – 2. (*segue*) per le società di persone e per le imprese individuali. – 3. (*segue*) per gli enti pubblici. – 4. (*segue*) per gli altri soggetti passivi.

Premessa

L'Imposta regionale sulle attività produttive è un tributo di natura reale istituito dal d.lgs. 15 dicembre 1997, n. 446, gestito dall'Agenzia delle Entrate, il cui gettito è destinato alle Regioni per il finanziamento della spesa sanitaria.

L'Irap, a differenza dei tributi maggiori, non colpisce direttamente i tradizionali indici di capacità contributiva, come il reddito, il patrimonio o il consumo, avendo quale presupposto lo svolgimento di un'**attività autonomamente organizzata** per la produzione di beni e/o servizi e come base imponibile il valore della produzione.

Sono soggetti all'imposta tutti i titolari di reddito d'impresa, sia essa commerciale o agricola: imprenditori individuali, società di persone e di capitali, enti commerciali ed enti non commerciali; sono soggetti passivi dell'Irap anche gli esercenti un'arte o una professione, purché si tratti di un'**attività autonomamente organizzata**.

Sono altresì soggetti passivi gli enti pubblici, gli organi e le amministrazioni dello Stato, le regioni, le province, i comuni.

L'art. 4 del d.lgs. n. 446/1997 individua la base imponibile dell'imposta: "1. L'imposta si applica sul **valore della produzione netta** derivante dall'attività esercitata nel territorio della regione (…)".

Individuata dall'art. 4 cit. la base imponibile del tributo nel "*valore della produzione netta*", le successive norme forniscono i criteri per la determinazione del valore della produzione netta con specifico riferimento alle differenti tipologie di soggetti passivi.

L'art. 5 del d.lgs. n. 446/1997 disciplina le modalità di determinazione della base imponibile relativamente alle seguenti categorie di soggetti passivi: – le società per azioni e in accomandita per azioni, le società a responsabilità limitata, le società cooperative e le società di mutua assicurazione, le società europee di cui al regolamento (CE) n. 2157/2001 e le società cooperative europee di cui al regolamento (CE) n. 1435/2003, residenti nel territorio dello Stato; – gli enti pubblici e privati diversi dalle società, nonché i trust, residenti nel territorio dello Stato, che hanno per oggetto esclusivo o principale l'esercizio di attività commerciali.

Criteri generali sono comunque rinvenibili nella volontà di tassare i fattori produttivi in capo agli esercenti un'attività organizzata. Ne deriva l'indeducibilità di alcuni costi del lavoro e degli interessi passivi.

L'art. 11 del d.lgs. n. 446/1997 prevede poi una serie di disposizioni comuni che interessano tutte le categorie di contribuenti.

La **base imponibile**, così come delineata dal Legislatore, si determina mediante sottrazione tra il valore della produzione ed il costo della produzione, nel quale tuttavia non rientrano, in quanto non deducibili, le perdite su crediti *ivi* incluse quelle relative ai compensi delle prestazioni di lavoro assimilate al lavoro dipendente, i compensi corrisposti per le collaborazioni coordinate e continuative, i costi ed i compensi per l'attività di impresa e di lavoro autonomo occasionale; la quota di interessi dei canoni di leasing; le svalutazioni relative ad immobilizzazioni e crediti; gli accantonamenti; l'Imu.

Tuttavia per gli enti non commerciali la base imponibile si determina normalmente con il c.d. **metodo "retributivo"** (v. *infra*).

1. La determinazione della base imponibile per le società in contabilità ordinaria (diverse dalle banche e dalle assicurazioni)

Per le società in contabilità ordinaria il **valore della produzione netta** è determinato dalla differenza tra il **valore della produzione** e i **costi della produzione** di cui alle lett. A) e B) dell'art. 2425 c.c. con esclusione delle voci di cui ai numeri 9), 10) lett. c) e d), 12) e 13), quali risultano dal conto economico dell'esercizio redatto secondo i corretti principi contabili senza tener conto delle limitazioni e forfettizzazioni applicate ai fini IRES (modifiche introdotte dal d.lgs. n. 139/2015 riguardante le nuove norme in materia di bilancio in vigore già dall'esercizio 2016).

Secondo la disciplina tributaria, all'importo risultante dalla predetta differenza dovranno poi essere apportate le variazioni in aumento relative ai costi non deducibili e quelle in diminuzione relative alle deduzioni ammesse.

Per meglio comprendere le voci del conto economico rilevanti per la determinazione della base imponibile Irap si riporta di seguito, in stralcio, il testo dell'art. 2425 c.c. con evidenziate le voci rilevanti ai fini di che trattasi.

Contenuto del conto economico

Il conto economico deve essere redatto in conformità al seguente schema:

A) Valore della produzione:

1) ricavi delle vendite e delle prestazioni;

2) variazioni delle rimanenze di prodotti in corso di lavorazione, semilavorati e finiti;

3) variazioni dei lavori in corso su ordinazione;

4) incrementi di immobilizzazioni per lavori interni;

5) altri ricavi e proventi, con separata indicazione dei contributi in conto esercizio.

Totale.

B) Costi della produzione:

6) per materie prime, sussidiarie, di consumo e di merci;

7) per servizi;

8) per godimento di beni di terzi;

9) per il personale:

a) salari e stipendi;

b) oneri sociali;

c) trattamento di fine rapporto;

d) trattamento di quiescenza e simili;

e) altri costi;

10) ammortamenti e svalutazioni:

a) ammortamento delle immobilizzazioni immateriali;

b) ammortamento delle immobilizzazioni materiali;

c) altre svalutazioni delle immobilizzazioni;

d) svalutazioni dei crediti compresi nell'attivo circolante e delle disponibilità liquide;

11) variazioni delle rimanenze di materie prime, sussidiarie, di consumo e merci;

12) accantonamenti per rischi;

13) altri accantonamenti;

14) oneri diversi di gestione.

Totale.

Differenza tra valore e costi della produzione (A – B).

(*omissis*).

ESEMPIO 11A *Determinazione della base imponibile per le società in contabilità ordinaria*

Si ipotizzi la situazione di una società di capitali esercente l'attività di vendita di caffè all'ingrosso

A) Valore della produzione:

1) ricavi delle vendite e delle prestazioni: 20.000.000 euro
2) variazioni delle rimanenze di prodotti in corso di lavorazione, semilavorati e finiti: 0
3) variazioni dei lavori in corso su ordinazione: 0
4) incrementi di immobilizzazioni per lavori interni: 0
5) altri ricavi e proventi, con separata indicazione dei contributi in conto esercizio: 280.000 euro.

Totale: 20.280.000 euro.

B) Costi della produzione:

6) per materie prime, sussidiarie, di consumo e di merci: 17.000.000 euro
7) per servizi: 720.000 euro
8) per godimento di beni di terzi: 0 (*omissis*)
10) ammortamenti e svalutazioni:
a) ammortamento delle immobilizzazioni immateriali: 9.000 euro
b) ammortamento delle immobilizzazioni materiali: 15.000 euro (*omissis*)
11) variazioni delle rimanenze di materie prime, sussidiarie, di consumo e merci: 290.000 euro
(omissis)
14) oneri diversi di gestione: 26.000 euro.

Totale: 18.060.000 euro

Valore della produzione (A1 + A2 + A3 + A4 + A5) **20.280.000 euro**	–
Costi della produzione (B6 + B7 + B8 + B10a + B10b + B11 + B14) **18.060.000 euro**	=
Differenza **2.220.000 euro**	
Base imponibile Irap (lorda) 2.220.000 euro	

Per giungere alla base imponibile netta è poi necessario operare le deduzioni previste dalla sez. VI della dichiarazione Irap, tra le più importanti vi sono quelle di cui all'art. 11, co. 1, lett. a), d.lgs. n. 446/1997.

Ipotizzando che la società abbia sostenuto costi per contributi per assicurazioni contro gli infortuni sul lavoro per 100.000 euro la base imponibile netta sarà così determinata:

Base imponibile lorda **2.220.000 euro**	–
Deduzioni *ex* art. 11, co. 1, lett. a), d.lgs. n. 446/1997 100.000 euro	=
Base imponibile Irap (netta) 2.120.000 euro	

Tra i componenti negativi, non possono comunque essere dedotti al fine del computo della base imponibile, indipendentemente dalla loro collocazione in bilancio:

- i costi del personale dipendente e assimilato diversi da quelli indicati dalla voce B) del conto economico, fatta eccezione per alcune voci indicate all'art. 11, co. 1, lett. a) (quali i contributi Inail, i contributi assistenziali e previdenziali per i dipendenti a tempo indeterminato, spese per apprendisti, disabili, personale assunto con contratto di formazione lavoro, costi sostenuti per il personale addetto alla ricerca e sviluppo) e co. 4-*octies* (relativo ai costi del lavoro connessi a lavoratori assunti con contratto a tempo indeterminato);
- i compensi dei lavoratori a progetto o occasionali e degli amministratori;
- gli utili spettanti agli associati in partecipazione;
- la quota di interessi dei canoni di leasing desunta dal contratto;
- le perdite su crediti;
- l'Ici/Imu;
- le quote di ammortamento del costo sostenuto per l'acquisizione di marchi d'impresa e a titolo di avviamento in misura eguale o superiore ad un diciottesimo del costo di acquisizione.

2. (*segue*) per le società di persone e per le imprese individuali

Nel corso del tempo, la posizione delle società di capitali ed enti commerciali è stata differenziata rispetto a quella delle società di persone ed imprese individuali, che determinano la base imponibile Irap sulla base del disposto dell'art. 5 *bis*, co. 1, d.lgs. n. 446/1997.

Anche le società di persone e le imprese individuali possono, tuttavia, a seguito dell'esercizio di apposita **opzione**, determinare la base imponibile, tenendo conto delle regole dettate per le società di capitali.

L'**opzione** deve essere comunicata con la dichiarazione Irap presentata nel periodo d'imposta a decorrere dal quale la si intende esercitare, ha validità di tre anni e si rinnova automaticamente alla scadenza del terzo anno a meno che la società di persone o l'impresa individuale presenti opzione per la determinazione della **base imponibile** ai sensi dell'art. 5 *bis*, co. 1, d.lgs. n. 446/1997.

Sulla base della specifica disciplina, la **base imponibile** è determinata dalla **differenza** tra l'ammontare dei ricavi di cui all'art. 85, co. 1, lett. a), b), f) e g), del testo unico delle imposte sui redditi (d.p.r. n. 917/1986), e delle variazioni delle rimanenze finali di cui agli artt. 92 e 93 del t.u.i.r., e l'ammontare dei costi delle materie prime, sussidiarie e di consumo, delle merci, dei servizi, dell'ammortamento e dei canoni di locazione anche finanziaria dei beni strumentali materiali e immateriali. La medesima disposizione prevede poi che tra i componenti che concorrono a determinare il valore della produzione rientrano anche i **contributi** erogati in base a norme di legge.

Per effetto di tale disposizione i componenti positivi da cui decurtare i **costi di produzione** sono costituiti da:

1. i ricavi di cui all'art. 85, co. 1, lett. a), b), f) e g), t.u.i.r., ed in particolare:

– i corrispettivi delle cessioni di beni e delle prestazioni di servizi alla cui produzione o al cui scambio è diretta l'attività dell'impresa;

– i corrispettivi delle cessioni di materie prime e sussidiarie, di semilavorati e di altri beni mobili, esclusi quelli strumentali, acquistati o prodotti per essere impiegati nella produzione;

– le indennità conseguite a titolo di risarcimento, anche in forma assicurativa, per la perdita o il danneggiamento di beni di cui alle precedenti lettere;

– i contributi in denaro, o il valore normale di quelli, in natura, spettanti sotto qualsiasi denominazione in base a contratto.

2. le variazioni delle rimanenze finali di cui agli artt. 92 e 93 del t.u.i.r.

3. i contributi erogati in base a norme di legge.

Le componenti negative (costi della produzione) sono costituite dall'ammontare dei costi per:

– materie prime, sussidiarie e di consumo;
– merci e servizi;
– ammortamento e canoni di locazione, anche finanziaria, dei beni strumentali, materiali e immateriali.

Per i **soggetti in contabilità semplificata** la base imponibile è determinata con le regole sopra indicate con alcune peculiarità.

Si applicano i criteri d'imputazione temporale validi per la determinazione del reddito d'impresa: sono irrilevanti le rimanenze ad eccezione delle rimanenze finali che hanno concorso al calcolo del valore della produzione netta nell'anno precedente secondo il principio di competenza; in caso di passaggio dal regime semplificato al regime ordinario e viceversa i ricavi e le spese che hanno già concorso alla formazione del reddito non rilevano negli anni successivi.

ESEMPIO 11B *Determinazione della base imponibile per le società di persone e per le imprese individuali*

Si ipotizzi la situazione di una società di persone dedita alla vendita di beni fungibili

Elementi positivi:

(1) Ricavi:

– corrispettivi delle cessioni di beni e delle prestazioni di servizi alla cui produzione o al cui scambio è diretta l'attività dell'impresa: 400.000 euro;

– corrispettivi delle cessioni di materie prime e sussidiarie, di semilavorati e di altri beni mobili, esclusi quelli strumentali, acquistati o prodotti per essere impiegati nella produzione: 35.000 euro;

– indennità conseguite a titolo di risarcimento, anche in forma assicurativa, per la perdita o il danneggiamento di beni di cui alle precedenti lettere: 20.000 euro;

– contributi in denaro, o il valore normale di quelli, in natura, spettanti sotto qualsiasi denominazione in base a contratto: 0.

(2) Variazione delle rimanenze: 60.000 euro.

(3) Contributi erogati in base a disposizioni di legge: 15.000 euro.

Costi:

– materie prime, sussidiarie e di consumo: 250.000 euro;

– merci e servizi: 50.000;

– di ammortamento e dei canoni di locazione, anche finanziaria, dei beni strumentali, materiali e immateriali: 15.000 euro.

Valore della produzione	530.000 euro
Costo della produzione	315.000 euro
Differenza	215.000 euro

Anche in questo caso, per giungere alla base imponibile netta è poi necessario operare le deduzioni previste dall'art. 11, co. 1, lett. a), d.lgs. n. 446/1997 (sezione I della dichiarazione).

Ipotizzando che la società abbia sostenuto costi per personale assunto con contratto di formazione e lavoro pari a 20.000 euro, tale importo potrà essere dedotto in deroga al principio generale di indeducibilità dei costi per il personale. Pertanto, la base imponibile netta sarà così determinata:

Base imponibile lorda 215.000 euro	–
Deduzioni *ex* art. 11, co. 1, lett. a), d.lgs. n. 446/1997 20.000 euro	=
Base imponibile Irap (netta) 195.000 euro	

3. (*segue*) per gli enti pubblici

La determinazione della base imponibile per gli enti pubblici è disciplinata dall'art. 10 *bis* del d.lgs. n. 446/1997.

Tale disposizione introduce un regime differenziato a seconda della natura commerciale o meno dell'ente, da rinvenirsi nell'ambito delle disposizioni relative alle imposte sui redditi e all'Iva (per i soggetti esclusi dall'Ires).

Sotto il profilo delle imposte sui redditi la natura commerciale deriva dallo svolgimento di **attività commerciale**, intendendosi per tale l'attività che determina reddito di impresa.

Tale distinzione deriva dall'art. 73, co. 1, t.u.i.r., che, alle lett. b) e c), distingue gli enti pubblici (nonché quelli privati) proprio sulla base dello svolgimento dell'attività.

Per gli enti esclusi dell'Ires, ovvero gli organi e le **amministrazioni dello Stato**, i **comuni, i consorzi tra enti locali, le associazioni e gli enti gestori del demanio collettivo, le comunità montane, le provincie e le regioni**, la natura commerciale dovrà essere accertata sulla base delle disposizioni dettate in materia di Iva.

Sotto tale profilo assume rilievo l'art. 4 del d.p.r. n. 633/1972, secondo il quale la soggettività passiva all'Iva di un ente pubblico dipende, in primo luogo, dalla tipologia di attività svolta (commerciale o non commerciale) ed in secondo luogo dal collegamento diretto di tale attività ai fini istituzionali dell'ente.

Ne deriva che le operazioni poste in essere da enti che abbiano quale oggetto esclusivo o principale l'esercizio di attività commerciale sono sempre imponibili, mentre quelle svolte da enti che non abbiano quale oggetto esclusivo o principale lo svolgimento di tale attività commerciale sono imponibili solo se effettuate nell'esercizio di attività commerciale, e sempre che non rientrino nelle **finalità istituzionali** dell'ente.

L'art. 4 contiene infine un'elencazione di attività che, per presunzione assoluta, sono da intendersi commerciali e non commerciali.

Tra le prime sono incluse, fra le altre, le cessioni di beni nuovi prodotti per la vendita, l'erogazione di acqua e servizi di fognatura e depurazione, gas, energia elettrica e vapore, la gestione di fiere ed esposizioni a carattere commerciale.

Tra le operazioni non commerciali si ricordano, fra le altre, le operazioni effettuate dallo Stato, dalle regioni, dalle province, dai comuni e dagli altri enti di diritto pubblico nell'ambito di attività di pubblica autorità e le operazioni relative all'oro e alle valute estere, compresi i depositi anche in conto corrente, effettuate dalla Banca d'Italia e dall'Ufficio italiano dei cambi.

L'individuazione della natura commerciale dell'ente rileva al fine della metodologia di determinazione della base imponibile.

Per gli enti non commerciali difatti la base imponibile si determina con il c.d. **metodo "retributivo"**, mentre per gli enti commerciali troveranno applicazione le disposizioni dettate in materia di società in contabilità ordinaria.

Per gli enti non commerciali che svolgono anche attività commerciale, l'art. 10 *bis*, co. 2, d.lgs. n. 446/1997 prevede la possibilità di **opzione**, da esercitare mediante l'apposita casella nel quadro IS, sez. VIII rigo 34 della dichiarazione Irap, relativamente alla sola quota di attività commerciale, per la determinazione della base imponibile con le modalità previste dall'art. 5 (c.d. *metodo misto*).

ESEMPIO 11C *Determinazione della base imponibile per gli enti pubblici*

Soggetti	Metodo
Enti pubblici non commerciali *ex* art. 74, co. 1, t.u.i.r.	**Ordinario** – retributivo **Opzionale** – non retributivo per le attività rilevanti Iva
Enti pubblici commerciali *ex* art. 73 t.u.i.r.	**Ordinario** – non retributive
Enti pubblici non commerciali *ex* art. 74, co. 2, lett. *a*), t.u.i.r.	**Ordinario** – retributivo **Opzionale** – non retributivo per le attività commerciali ai fini IIDD
Enti pubblici non commerciali *ex* art. 74, co. 2, lett. *b*), t.u.i.r.	**Ordinario** – retributivo **Opzionale** – non ammesso ad eccezione delle ASL

L'esercizio dell'opzione ha quale conseguenza una rilevante variazione dell'aliquota da utilizzare per la determinazione dell'imposta, dal momento che, mentre nel caso di metodo retributivo trova applicazione l'aliquota dell'8,5%, in caso di opzione, limitatamente alla quota di base imponibile relativa all'attività commerciale (valore della produzione netta) viene applicata l'aliquota ordinaria del 3,9% (aliquota variabile a seconda della regione di produzione del reddito).

Il metodo retributivo consiste nella determinazione dell'imponibile nella differenza tra la somma delle retribuzioni, dei redditi assimilati a quelli di lavoro dipendente, dei compensi a collaborazione coordinata e continuativa, dei redditi di lavoro autonomo occasionale, e l'ammontare delle spese ammesse in deduzione dall'art. 11 del medesimo decreto (in particolare le spese relative agli apprendisti, ai disabili e le spese per il personale assunto con contratti di formazione e lavoro).

ESEMPIO 11D *Determinazione della base imponibile per gli enti pubblici con metodo retributivo*

Retribuzioni erogate al personale dipendente +	**3.200.000 euro**
Compensi erogati per collaborazioni coordinate e continuative +	**900.000 euro**
Altri redditi assimilati a quelli di lavoro dipendente +	**150.000 euro**
Compensi per prestazioni di lavoro autonomo occasionale +	**10.000 euro**
Compensi per l'assunzione di obblighi di fare, non fare o permettere =	**5.000 euro**
4.265.000 euro –	
Deduzioni *ex* art. 11 del d.lgs. n. 446/1997	**100.000 euro**
Valore della produzione	**4.165.000 euro**

Ai sensi dell'art. 10 *bis* cit. ultimo periodo gli enti commerciali determinano la base imponibile sulla base del valore della produzione netta determinata mediante i criteri previsti dall'art. 5 del d.lgs. cit. (§ 1).

Come visto, gli enti non commerciali che svolgono anche attività commerciale (il cui regime naturale è quello retributivo) possono optare mediante apposita indicazione nel quadro IS, rigo 34 della dichiarazione Irap, per il regime "misto", consistente nell'utilizzo di entrambi i metodi (quello retributivo per l'attività non commerciale e quello non retributivo per la parte commerciale).

Tale peculiare modalità di determinazione pone il problema del computo dei costi deducibili promiscuamente riferibili sia all'attività commerciale che a quella non commerciale.

Se il costo non può essere imputato, sulla base di criteri oggettivi, all'attività commerciale o a quella non commerciale, questo sarà imputato all'attività commerciale nella misura derivante dal rapporto tra ricavi commerciali ed entrate correnti.

Analogamente il medesimo costo verrà imputato all'attività non commerciale nella misura eccedente il valore derivante dal rapporto tra ricavi commerciali ed entrate correnti.

Nel caso di personale ad esempio, qualora un dipendente comunale si dedichi in egual misura all'espletamento di attività lavorativa relativa ad attività commerciale e ad attività non commerciale, il suo costo andrà imputato per metà nell'ambito dell'attività commerciale e per metà nell'ambito di quella non commerciale.

Nel caso di emolumenti non specificamente riferibili alle attività commerciali, l'ammontare degli stessi è ridotto di un importo imputabile alle attività commerciali in base al rapporto sopra indicato.

ESEMPIO 11E *Modalità di imputazione dei costi in caso di metodo misto della determinazione della base imponibile*

Criteri per l'imputazione di costi promiscui	Esemplificazioni
Oggettivi	**Costo del personale**: ripartizione del costo in base all'orario di lavoro. Se un dipendente comunale si occupa per il 50% della giornata lavorativa all'espletamento di mansioni relative ad un'attività commerciale la retribuzione andrà computata per il 50% nell'ambito della determinazione con metodo retributivo e per il restante 50% con retributivo. Se dunque la retribuzione complessiva annua è pari a 45.000 euro, la quota di 22.500 euro sarà attribuita all'attività commerciale e l'altra quota, di pari ammontare, all'attività non commerciale. **Costi di riscaldamento**: ripartizione in base alla cubatura dei locali qualora un unico impianto sia destinato a differenti locali,

	alcuni dei quali destinati ad attività commerciali ed altri ad attività non commerciali. Se ad esempio un unico impianto sia destinato al riscaldamento di due diversi locali, dei quali uno destinato ad attività istituzionale (m^3 600) e l'altro ad attività commerciale, (m^3 300), il costo sarà riferibile per 1/3 ad attività commerciale, e per i restanti 2/3 ad attività istituzionale.
Proporzionale	**Rapporto** Ricavi e altri proventi derivanti dall'attività commerciale / Ammontare complessivo di tutte le entrate correnti. Se ad esempio i ricavi derivanti dall'attività commerciale sono pari a 1.000.000 euro e le entrate correnti dell'ente ammontano a 2.000.000 euro, i costi promiscui non riconducibili ad una delle due attività mediante criteri oggettivi saranno imputabili per un terzo all'attività commerciale e per due terzi a quella istituzionale. Se dunque i costi promiscui dell'ente sono pari a 500.000 euro, la metà di tali costi, pari a 250.000 euro, andrà imputata ad attività istituzionale e l'altra metà all'attività commerciale.

4. (*segue*) per gli altri soggetti passivi

Per quanto riguarda gli **esercenti arti e professioni** la determinazione della base imponibile avviene, sottraendo dall'ammontare dei compensi il totale dei costi della produzione compresi gli ammortamenti ed esclusi gli interessi passivi e le spese per il personale dipendente.

L'art. 8 del d.lgs. n. 446/1997, prevede che i compensi, i costi e gli altri componenti si assumono così come risultanti dalla dichiarazione dei redditi.

Per quanto riguarda in generale i **lavoratori autonomi** è necessario ricordare gli effetti di una importante sentenza della Corte Costituzionale, che ha delimitato il presupposto del tributo, escludendone l'applicabilità alle **attività di lavoro autonomo prive del requisito dell'organizzazione** dei fattori produttivi (capitale e lavoro altri).

Si tratta della sentenza 21 maggio 2001, n. 156, con la quale la Corte, dopo aver affermato che l'assoggettamento ad imposizione «del valore aggiunto prodotto da ogni tipo di attività autonomamente organizzata, sia essa di carattere imprenditoriale o professionale» è «pienamente conforme ai principi di eguaglianza e di capacità contributiva, identica essendo, in entrambi i casi, l'idoneità alla contribuzione ricollegabile alla nuova ricchezza prodotta», ha chiarito che «mentre l'elemento organizzativo è connaturato alla nozione stessa di impresa, altrettanto non può dirsi per quanto riguarda l'attività di lavoro autonomo, ancorché svolta con carattere di abitualità, nel senso che è possibile ipotizzare un'attività professionale svolta in assenza di organizzazione di capitali o lavoro altrui». Pertanto in tal caso l'Irap non è applicabile.

La questione è di grande rilevanza applicativa, in quanto emergono sempre nuovi orientamenti volti ad applicare la stessa logica anche in favore dei **piccoli imprenditori**.

Per il **settore agricolo** (art. 9 del d.lgs. n. 446/1997) sono soggette all'imposta le attività di agriturismo, di allevamento di animali produttive di reddito d'impresa e le attività agricole connesse che non rientrano nel reddito agrario. Dal 2016 i soggetti che esercitano esclusivamente attività agricola produttiva di reddito agrario non sono più soggetti passivi dell'Irap e non sono tenuti a presentare la dichiarazione ad eccezione delle società agricole (snc, sas, srl) ai soli fini di consentire all'Amministrazione finanziaria di acquisire informazioni utili per l'applicazione del diritto camerale. Per i produttori agricoli titolari di reddito di impresa la base imponibile è determinata ai sensi dell'art. 5 del d.lgs. n. 446/1997 (criteri previsti per le società di capitali ed enti commerciali).

APPROFONDIMENTI

Dottrina

SCHIAVOLIN, *L'imposta regionale sulle attività produttive. Profili sistematici*, Milano, 2007.

MICONI, *Secondo le Sezioni unite le società semplici sono soggette ad Irap anche se prive di autonoma organizzazione*, in *Dir. prat. trib.*, 2017, 1, 249.

DENORA, *IRAP e professionisti: l'autonoma organizzazione*, in *Enciclopedia Treccani on line*, 2017.

FERRANTI, *Esclusione da IRAP: ancora dubbi sul "collaboratore esecutivo"*, in *Corr. trib.*, 2020, 12, 1031.

BODRITO, *Autonoma organizzazione: presupposti impositivi per il professionista e introduzione di nuove prove nel giudizio di rinvio*, in *GT – Riv. giur. trib.*, 2020, 10, 814.

Giurisprudenza

Cass., Sez. VI-5, ord., 14 settembre 2020, n. 19071, in *Il Fisco*, 2020, 40, 4873, con nota di BORGOGLIO, *Soggetto a IRAP il professionista che corrisponde retribuzioni ingenti all'unico dipendente*, **(il testo è riportato nella sezione on line, CASI)**: "*Il requisito dell'autonoma organizzazione, presupposto impositivo dell'IRAP, ricorre quando il contribuente impieghi beni strumentali eccedenti, secondo l'id quod plerumque accidit, il minimo indispensabile per l'esercizio dell'attività in assenza di organizzazione, oppure si avvalga in modo non occasionale di lavoro altrui che superi la soglia dell'impiego di un collaboratore che esplichi mansioni di segreteria ovvero meramente esecutive. Pertanto, è soggetto a IRAP il professionista (nel caso di specie, medico) che corrisponda somme esorbitanti al suo unico lavoratore dipendente per poter quest'ultimo essere considerato svolgente compiti di segreteria*".

Cass., Sez. VI-5, ord., 10 gennaio 2020, n. 306, "*Il commercialista, che sia anche amministratore, revisore e sindaco di società non è soggetto ad IRAP per il reddito netto di tali attività, perché è soggetto ad imposizione fiscale unicamente l'eccedenza dei compensi rispetto alla produttività auto-organizzata dell'opera individuale; ciò si verifica in quanto per la soggezione ad IRAP non è sufficiente che il commercialista operi presso uno studio professionale, atteso che tale presupposto non integra di per se stesso il requisito dell'autonoma organizzazione*".

Cass., Sez. VI-5, ord., 26 novembre 2019, 30873, "*Il presupposto dell'imposta regionale sulle attività produttive è l'esercizio abituale di un'attività autonomamente organizzata diretta alla produzione e allo scambio ovvero alla prestazione di servizi; ma quando l'attività è esercitata dalle società e dagli enti che siano soggetti passivi dell'imposta a norma dell'art. 3 del D.Lgs. 15 dicembre 1997, n. 446, comprese quindi le società semplici e le associazioni senza personalità giuridica costituite fra persone fisiche per l'esercizio in forma associata di arti e professioni, essa, in quanto esercitata da tali soggetti, strutturalmente organizzati per la forma nella quale l'attività è svolta, costituisce ex lege, in ogni caso, presupposto d'imposta, dovendosi perciò escludere la necessità di ogni accertamento in ordine alla sussistenza dell'autonoma organizzazione*".

Prassi

Circ. Ag. Entr., 9 giugno 2015, n. 22/E, in *www.agenziaentrate.it* (*Modifiche alla disciplina dell'IRAP – Legge di Stabilità 2015*).

Circ. Ag. Entr., 13 aprile 2017 n. 11/E par. 5, in *www.agenziaentrate.it* (*Modifiche per le imprese in contabilità semplificata*).

Ris. Ag. Entr., 18 luglio 2017 n. 93/E in *www.agenziaentrate.it* (*Modalità di determinazione del valore della produzione da parte dei soggetti che svolgono attività agricola*).

Casi e Materiali

Per i documenti concernenti i *Casi* ed i *Materiali*, si rinvia ai contenuti telematici inseriti nella parte on line del Volume (§ 11 dei *Casi*; § 22 dei *Materiali*).

MATERIALI *

1. Processo verbale di verifica giornaliero
2. Processo verbale di constatazione
3. Avviso di accertamento di valore
4. Avviso di accertamento analitico
5. Avviso di accertamento sintetico
6. Avviso di accertamento induttivo
7. Avviso di accertamento parziale
8. Avviso di accertamento integrativo
9. Avviso di accertamento esecutivo
10. Cartella di pagamento
11. Istanza di accertamento con adesione
12. Atto di accertamento con adesione
13. Istanza di autotutela
14. Diniego di autotutela
15. Istanza di rimborso
16. Dichiarazione tributaria: profili generali
17. Modello Redditi persone fisiche
18. Modello Redditi società di capitali
19. Modello 770 e C.U.
20. Modello IVA
21. Modello IRAP
22. Fattura per operazioni imponibili
23. Fattura per operazioni non imponibili
24. Fattura per operazioni esenti

---

* ***La documentazione relativa ai MATERIALI è riportata nella sezione on line.***

1. PROCESSO VERBALE DI VERIFICA GIORNALIERO
(Tributi in genere)

Il processo verbale giornaliero è il verbale redatto dalla guardia di finanza o dai funzionari della Agenzia delle Entrate durante ogni singolo accesso. Dal verbale devono risultare le ispezioni e le rilevazioni eseguite, le richieste fatte al contribuente (o a chi lo rappresenta) e le risposte ricevute. Il verbale deve essere sottoscritto dal contribuente (o da chi lo rappresenta) ovvero indicare il motivo della mancata sottoscrizione. Il contribuente ha diritto di averne copia.

Il processo verbale contiene la descrizione dettagliata delle operazioni compiute.

Trattandosi di atto redatto da pubblici ufficiali nell'esercizio delle loro funzioni, il processo verbale, ai sensi dell'art. 2699 c.c., è un atto pubblico e, come tale, ai sensi dell'art. 2700 c.c., fa piena prova, fino a querela di falso, della provenienza del documento dal pubblico ufficiale che lo ha formato, nonché delle dichiarazioni delle parti e degli altri fatti che il pubblico ufficiale attesta essere avvenuti in sua presenza o da lui compiuti.

Normativa

Art. 24, legge 7 gennaio 1929 n. 4; Art. 52, co. 6, d.p.r. 26 ottobre 1972, n. 633; Art. 33, co. 1, d.p.r. 29 settembre 1973, n. 600; Art. 12, co. 4, legge 27 luglio 2000, n. 212.

Dottrina

VIOTTO, *I poteri dell'amministrazione finanziaria*, Milano, 2002.

RINALDI, *Alcune osservazioni sulla configurazione del processo verbale di constatazione alla luce del processo definitorio di cui all'art. 5-*bis *del d.lgs. n. 218/1997*, in *Rass. trib.*, 2009, 620.

VANZ, *I poteri conoscitivi e di controllo dell'amministrazione finanziaria*, Padova, 2012.

DEL FEDERICO, *L'evoluzione del procedimento nell'azione impositiva: verso l'Amministrazione di risultato*, in *Riv. trim. dir. trib.*, 2013, 4, 851.

PIERRO, *Rilevanza procedimentale del processo verbale di constatazione e tutela del contribuente*, in *Rass. trib.*, 2013, 1, 115.

Giurisprudenza

Cass. civ., Sez. trib., 5 dicembre 2012, n. 21813, in *Corr. trib.*, 2013, 8, 644, con nota di COMELLI, *Le dichiarazioni di terzi sono elementi indiziari liberamente valutabili dal giudice tributario: "dal momento che nessuna norma richiede che le dichiarazioni extraprocessuali rese da terzi siano assunte e/o verbalizzate in contraddittorio con il contribuente, deve ritenersi legittimo l'operato della Guardia di finanza la quale abbia trasfuso le dichiarazioni del terzo in un processo verbale di constatazione redatto senza interloquire con il contribuente. Dette dichiarazioni hanno valore di presunzioni semplici, contro le quali è riconosciuta al contribuente ampia facoltà di prova contraria".*

Comm. trib. reg., Milano, Sez. XII, 27 gennaio 2012, n. 4, in *Banca Dati IPSOA*: "*È nullo l'avviso di accertamento basato su un'attività ispettiva per la quale non è stato redatto il processo verbale di verifica giornaliero. (Nel caso di specie, il contribuente aveva subito un accesso, senza che le venisse redatto il processo verbale e l'Ufficio si era giustificato con l'argomento per cui tale accesso era finalizzato esclusivamente all'acquisizione di documentazione obbligatoria, peraltro in parte acquisita ed in parte depositata successivamente dal contribuente stesso in sede di contraddittorio con l'Ufficio)*".

Prassi

Ministero delle finanze, circolare 31 ottobre 2000, n. 198, in *www.agenziaentrate.it* (*Istruzioni per le verifiche*).

2. PROCESSO VERBALE DI CONSTATAZIONE

(Tributi in genere)

Il processo verbale di constatazione (pvc) è il verbale redatto dalla guardia di finanza o dai funzionari della Agenzia delle Entrate a conclusione di un controllo. Dal verbale devono risultare le ispezioni e le rilevazioni eseguite, le richieste fatte al contribuente (o a chi lo rappresenta) e le risposte ricevute. Il verbale deve essere sottoscritto dal contribuente (o da chi lo rappresenta) ovvero indicare il motivo della mancata sottoscrizione. Il contribuente ha diritto di averne copia.

Il processo verbale di constatazione sintetizza i dati rilevati durante il controllo, quali l'attività del contribuente, il fine dell'accesso, i documenti presi in esame, le violazioni rilevate, ecc.

Trattandosi di atto redatto da pubblici ufficiali nell'esercizio delle loro funzioni, il processo verbale, ai sensi dell'art. 2699 c.c., è un atto pubblico e, come tale, ai sensi dell'art. 2700 c.c., fa piena prova, fino a querela di falso, della provenienza del documento dal pubblico ufficiale che lo ha formato, nonché delle dichiarazioni delle parti e degli altri fatti che il pubblico ufficiale attesta essere avvenuti in sua presenza o da lui compiuti.

Il pvc ha natura di atto endoprocedimentale e non è autonomamente impugnabile innanzi alle Commissioni tributarie. Tuttavia, entro 60 giorni dal rilascio della copia del pvc, il contribuente può comunicare all'Ufficio impositore osservazioni e richieste. L'avviso di accertamento non può essere emanato prima della scadenza di tale termine, salvo urgenza motivata.

Normativa

V. riferimenti *sub* 1, PROCESSO VERBALE DI VERIFICA GIORNALIERO.

Dottrina

V. riferimenti *sub* 1, PROCESSO VERBALE DI VERIFICA GIORNALIERO.

Giurisprudenza

Cass., Sez. trib., 30 ottobre 2002, n. 15319, in *GT-Riv. giur. trib.*, 2003, 1, 41 con nota di BRUZZONE, *È illegittima la doppia motivazione* "per relationem": "*deve essere dichiarato nullo l'avviso di accertamento nella cui motivazione viene richiamato un processo verbale di constatazione il quale, a sua volta, contiene il rinvio alle risultanze di un altro processo verbale di constatazione redatto nei confronti di un terzo soggetto, senza che lo stesso sia stato prodotto in giudizio*".

Corte cost., ord., 24 luglio 2009, n. 244, in *Corr. trib.*, 2009, 36, 2920, con nota di MARCHESELLI, *Nullità degli avvisi di accertamento senza contraddittorio con il contribuente: "è manifestamente inammissibile la questione di legittimità costituzionale dell'art. 12, comma 7, legge n. 212/2000, con riferimento agli artt. 24 e 111 Cost.*, *nella parte in cui non prevede la nullità dell'atto di accertamento, qualora il medesimo venga notificato prima dello spirare del termine di sessanta giorni dalla data di consegna del processo verbale di constatazione*".

Cass., Sez. trib., 10 giugno 2015, n. 11993, in *Banca Dati Dejure*, *In tema di accertamenti tributari, qualora più impiegati siano autorizzati ad accedere presso i locali in cui il contribuente esercita l'attività economica per effettuare ispezioni, verifiche, ricerche e rilevazioni, ai sensi dell'art. 52, primo comma, del d.P.R. 26 ottobre 1972, n. 633 ovvero degli artt. 32, primo comma, n. 1), e 33, primo comma, del d.P.R. 29 settembre 1973, n. 600, non è previsto l'esercizio "congiunto" della relativa competenza e dei connessi poteri certificatori, sicché, ai fini della valida formazione dell'atto pubblico, è sufficiente la sottoscrizione del processo verbale di constatazione da parte del solo impiegato che ha eseguito l'accesso.*

Prassi

V. riferimenti *sub* 1, PROCESSO VERBALE DI VERIFICA GIORNALIERO.

3. AVVISO DI ACCERTAMENTO DI VALORE

(Imposta di registro, Imposta sulle successioni e donazioni, Imposta ipotecaria e Imposta catastale)

L'avviso di accertamento di valore è emesso dall'Agenzia delle Entrate quando ritiene che i beni o i diritti oggetto di un atto di trasferimento abbiano un valore venale superiore al valore dichiarato o al corrispettivo pattuito. Con tale atto l'amministrazione finanziaria provvede alla rettifica e alla liquidazione della maggiore imposta, con gli interessi e le sanzioni.

L'avviso di rettifica e di liquidazione della maggiore imposta deve contenere l'indicazione del valore attribuito a ciascuno dei beni o diritti in esso descritti, degli elementi di cui all'art. 51, d.p.r. n. 131/1986 in base ai quali è stato determinato, l'indicazione delle aliquote applicate e del calcolo della maggiore imposta, nonché dell'imposta dovuta in caso di presentazione del ricorso.

Normativa

Art. 52, d.p.r. 26 aprile 1986, n. 131; Art. 34, d.lgs. 31 ottobre 1990, n. 346; art. 13, d.lgs. 31 ottobre 1990, n. 347.

Dottrina

BASILAVECCHIA, *Accertamento di valore di mercato degli immobili*, in *Corr. trib.*, 2007, 195.

CORASANITI, *Brevi note in merito alla rettifica della plusvalenza da cessione di azienda sulla base del valore definitivamente accertato ai fini dell'imposta di registro*, in *Dir. prat. trib.*, 2010, 67.

SALANITRO, *Applicabilità della disciplina della determinazione catastale della base imponibile (c.d. prezzo-valore) alle vendite all'asta*, in *Riv. trim. dir. trib.*, 2014, 3, 802.

VIGNOLI, *Sulla pretesa tassatività dei divieti di accertamento di valore per l'espropriazione forzata ed i trasferimenti coattivi*, in *Riv. trim. dir. trib.*, 2014, 1, 254.

MASTROIACOVO, *Il valore venale nell'accertamento dell'imposta di registro: sistema e deroghe*, in *Riv. trim. dir. trib.*, 2015, 1, 111.

Giurisprudenza

Cass. civ., Sez. V, ord., 22 dicembre 2009, n. 27019, in *Corr. trib.*, 2010, 9, 685, con nota di MARCHESELLI, *Valore di registro dell'azienda, prova della plusvalenza e difesa del contribuente: "Nel caso di cessione di azienda, l'Amministrazione finanziaria, sulla base dell'accertamento di valore effettuato in sede di applicazione dell'imposta di registro, può accertare induttivamente il maggior reddito da plusvalenza patrimoniale relativa al valore di avviamento, realizzata a seguito di cessione d'azienda. Al fine di superare la presunzione di corrispondenza tra il prezzo incassato e il valore di mercato accertato in via definitiva in sede di applicazione dell'imposta di registro, è onere del contribuente dimostrare di avere in concreto venduto ad un prezzo inferiore*".

Cass. civ., Sez. V, 16 dicembre 2011, n. 27191, in *Banca Dati BigUnico Online*, "*in tema di imposta di registro, ai sensi degli artt. 2909 c.c. e 324 c.p.c., non è invocabile dall'acquirente, rimasto estraneo alla causa, l'autorità del giudicato formatosi tra l'Amministrazione finanziaria ed i venditori a seguito del giudizio contro gli avvisi di accertamento relativi alla plusvalenza realizzata mediante la compravendita e nel quale era stata accertata l'inesistenza dei presupposti impositivi e la congruità del valore dichiarato degli immobili a vocazione edificatoria. Deve inoltre ritenersi che il giudicato formatosi nei confronti dei venditori riguarda solo l'imposta personale da essi dovuta sulla plusvalenza realizzata con la compravendita, ma non l'imposta di registro per la quale i venditori sono obbligati in solido con l'acquirente*".

Cass., Sez. V, 2 aprile 2015, n. 6716, in *Banca Dati Fisconline*, "*In tema di imposta di registro, la cessione di azienda è tassata applicando al suo valore complessivo (o al maggior prezzo pattuito) l'aliquota più elevata fra quelle contemplate per i singoli beni che la compongono, giusta il combinato disposto di cui ali artt. 23, comma 1, e 51, commi 1 e 4, del d.P.R. 26 aprile 1986 n. 131, facendo salva la separata tassazione dei cespiti nel caso in cui sia pattuito un corrispettivo distinto. Ne consegue che, ove le parti convengano il corrispettivo in relazione a ciascuno dei diritti congiuntamente trasferiti, l'accertamento dell'Ufficio, il quale ritenga il prezzo incongruo in relazione al suo valore in comune commercio, può essere limitato ad uno solo di tali diritti, ai sensi dell'ultimo comma dell'art. 51 cit., che disciplina il caso in cui i beni aziendali siano stati negoziati con autonomi corrispettivi*".

Prassi

Agenzia delle Entrate, risoluzione 7 luglio 2008, n. 285, in *www.agenziaentrate.it* (*Potere di rettifica del valore degli immobili abitativi*). Agenzia delle Entrate, circolare 21 maggio 2009 n. 25, in *www.agenziaentrate.it* (*Termine di decadenza per il recupero delle maggiori imposte di registro, ipotecaria e catastale*).

4. AVVISO DI ACCERTAMENTO ANALITICO
(Irpef, Ires, Irap, Iva)

L'avviso di accertamento analitico viene emesso a seguito di un accertamento diretto a ricostruire l'imponibile di un soggetto attraverso l'analisi delle singole componenti. Tale accertamento può essere effettuato nei confronti di qualunque soggetto, obbligato o meno alla tenuta delle scritture contabili.

Per quanto riguarda i soggetti non obbligati alla tenuta delle scritture contabili, con l'accertamento analitico il reddito complessivo imponibile viene determinato facendo riferimento alle singole categorie di reddito.

Con riferimento ai redditi di impresa e di lavoro autonomo, invece, il calcolo del reddito complessivo viene effettuato rettificando le singole componenti del reddito. Ai fini Iva, le rettifiche investono singole componenti dell'imponibile, dell'imposta o le detrazioni.

Normativa

Art. 54, d.p.r. 26 ottobre 1972, n. 633; Art. 38, co. 1-3, d.p.r. 29 settembre 1973, n. 600; Art. 39, co. 1, d.p.r. 29 settembre 1973, n. 600.

Dottrina

BASILAVECCHIA, *Accertamento tributario*, in CASSESE (diretto da), *Diz. dir. pubbl.*, Milano, 2006.

FANTOZZI, *Accertamento tributario*, in *Enc. giur. Treccani*, vol. 1, *Aggiornamento*, Roma, 2006.

COMELLI, *Poteri e atti nell'imposizione tributaria*, Padova, 2012.

Giurisprudenza

Cass., Sez. trib., 1° marzo 2002, n. 2979, in *Dir. prat. soc.*, 2002, 17, 90, con nota di STESURI, *Accertamento analitico induttivo nei confronti di un'impresa minore: "Nel caso in cui il contribuente si avvale del regime di determinazione forfettaria dei costi e dei ricavi, è legittimo il comportamento dell'ufficio che ha proceduto con accertamento analitico-induttivo, applicando al costo del venduto – dichiarato – la percentuale relativa al settore di appartenenza della contribuente. La rettifica delle dichiarazioni di un'impresa minore in regime forfettario, infatti, non è subordinata alla preventiva determinazione analitica del reddito complessivo, essendo detta rettifica disciplinata dall'art. 2, comma 29, d.l. n. 853/1984*".

Cass., Sez. trib., 7 maggio 2010, n. 11154, in *Società*, 2010, 7, 918, con nota di GLENDI, *È legittimo l'accertamento analitico-induttivo nel caso in cui la società, nell'ambito di operazioni infragruppo, abbia tenuto un comportamento inspiegabilmente antieconomico: "il d.p.r. 29 settembre 1973, n. 600, art. 39, comma 1, lett. d), consente l'accertamento analitico induttivo del reddito anche in presenza di scritture contabili formalmente corrette, qualora la contabilità sia considerata complessivamente ed essenzialmente inattendibile perché confliggente con regole fondamentali di ragionevolezza. Ipotesi, che può ricorrere, ad esempio in presenza di un comportamento del contribuente manifestamente ed inspiegabilmente antieconomico*".

Cass, Sez. VI, 14 novembre 2014, n. 24278, in G*T – Riv. giur. trib.*, 2015, 2, 22, con nota di LAROMA JEZZI, *La dicotomia tra accertamento analitico e accertamento induttivo* *nella fase procedimentale e in quella processuale*: "*In tema di accertamento dei redditi d'impresa, il discrimine tra l'accertamento condotto con metodo analitico contabile e quello condotto con metodo induttivo sta, rispettivamente, nella parziale o assoluta inattendibilità dei dati risultanti dalle scritture contabili, laddove nel metodo induttivo le omissioni o le false ed inesatte indicazioni risultano tali da inficiare l'attendibilità e dunque l'utilizzabilità, ai fini dell'accertamento, anche degli altri dati contabili, apparentemente regolari. Ne consegue che il mutamento della linea difensiva dell'Ufficio finanziario, che, pur avendo proceduto all'accertamento con metodo analitico extracontabile, abbia, nel ricorso in appello, dichiarato di aver utilizzato quello induttivo, non comporta di per sé una 'immutatio libelli' tardiva e non consentita, se non mutino i presupposti di fatto sui quali si basano le due valutazioni (nella specie irregolarità contabili relative alle rimanenze finali), attesa la necessità che, fin dall'accertamento, siano valutati gli elementi presuntivi attraverso cui sia possibile individuare induttivamente un reddito imponibile diverso rispetto a quello dichiarato*".

Prassi

Agenzia delle Entrate, circolare 4 febbraio 2004, n. 5, in *www.agenziaentrate.it* (*L'accertamento analitico-induttivo nel concordato preventivo*). Agenzia delle Entrate, circolare 23 gennaio 2008, n. 5, in *www.agenziaentrate.it* (*Accertamento analitico-presuntivo e studi di settore*).

5. AVVISO DI ACCERTAMENTO SINTETICO (Irpef)

L'accertamento sintetico può riguardare soltanto le persone fisiche.

Tale tipologia di accertamento è emessa a seguito di quel controllo che, ai fini della determinazione del reddito, si basa sulle spese sostenute dal contribuente nel corso del periodo di imposta o sulla base del contenuto induttivo di elementi indicativi di capacità contributiva (cosiddetto redditometro). La determinazione sintetica del reddito è ammessa a condizione che il reddito complessivo delle persone fisiche non obbligate alla tenuta delle scritture contabili accertabile ecceda di almeno un quinto quello dichiarato.

Normativa

Art. 38, co. 4-8, d.p.r. 29 settembre 1973, n. 600, come sostituiti dall'art. 22, co. 1, d.l. 31 maggio 2010, n. 78. D.m. 24 dicembre 2012.

Dottrina

BAGAROTTO, *L'accertamento sintetico dopo le modifiche apportate dal d.l. n. 78/2010*, in *Riv. dir. trib.*, 2010, I, 967.

BASILAVECCHIA, *Sui limiti alla prova contraria nell'accertamento sintetico e redditometrico*, in *Riv. giur. trib.*, 2014, 7, 593.

CONTRINO MARCHESELLI, *Il "redditometro 2.0" tra esigenze di "privacy", efficienza dell'accertamento e tutela del contribuente*, in *Dir. prat. trib.*, 2014, 4, 679.

MARONGIU, *L'accertamento sintetico tra vecchia e nuova disciplina*, in *Dir. prat. trib.*, 2014, 5, 759.

MENTI, *Investimenti patrimoniali e accertamento sintetico*, in *Dir. prat. trib.*, 2015, 5, 746.

Giurisprudenza

Cass., Sez. trib., 27 ottobre 2006, n. 23252, in *Riv. giur. trib.*, 2007, 2, 126, con nota di MARCHESELLI, *Gli investimenti superiori al reddito legittimano l'accertamento sintetico*: "*ai fini della adozione del metodo di accertamento sintetico è sufficiente che vi siano elementi e circostanze di fatto certi che, provando un determinato ammontare di spesa, presuppongono la disponibilità di un corrispondente reddito globale, senza la necessità di conoscere i cespiti certi dai quali il reddito stesso possa derivare, essendo onere del contribuente provare l'inesistenza della capacità reddituale ed, in particolare, della base di cui si tratta. Di conseguenza, l'acquisto oneroso di un bene immobile costituisce, fondatamente, un indizio di reddito e, dunque, un elemento certo su cui basare la determinazione sintetica nel quadro normativo delineato dall'art. 38, comma 4, d.p.r. n. 600/1973*".

Cass. 29 ottobre 2012, n. 18604, in *Banca Dati Fisconline*: "*In tema di accertamento delle imposte sui redditi, la determinazione del reddito effettuata sulla base dell'applicazione del cosiddetto redditometro dispensa l'Amministrazione finanziaria da qualunque ulteriore prova rispetto ai fatti – indice di maggiore capacità contributiva, individuati dal redditometro stesso e posti a base della pretesa tributaria fatta valere, e pone a carico del contribuente l'onere di dimostrare che il reddito presunto sulla base del redditometro non esiste o esiste in misura inferiore*".

Cass., Sez. trib., 21 ottobre 2015, n. 21362, in *Il Fisco*, 2015,43, 4186, con nota di ANTICO, "*Il reddito sintetico valuta la famiglia naturale, "In tema di redditometro, in caso di spese per incrementi patrimoniali il contribuente è tenuto a dimostrare non solo che il maggior reddito determinato sinteticamente è costituito in tutto o in parte da redditi esenti o soggetti a ritenute alla fonte a titolo d'imposta ma anche il nesso eziologico tra tali redditi e la spesa sostenuta. L'art. 38, comma 6 (vecchia versione), d.P.R. 29 settembre 1973 n. 600, richiede infatti che l'entità di tali redditi e la durata del loro possesso debbano risultare da idonea documentazione*".

Cass., Sez. trib., 11 novembre 2020, n. 25414, in *Giustizia Civile Massimario*, 2020, "*In tema di accertamento cd. sintetico ex art. 38, comma 4, d.P.R. n. 600 del 1972, il contribuente, il quale deduca che l'acquisto di un immobile non costituisce manifestazione di una reale capacità reddituale in ragione della simulazione dell'atto di compravendita e del conseguente mancato pagamento del relativo prezzo, nell'assolvimento dell'onere di fornire la prova contraria, su di esso gravante, può ricorrere anche alle dichiarazioni rese da terzi al di fuori del giudizio, aventi rilevanza meramente indiziaria, atteso che l'azione proposta davanti alla commissione tributaria è volta a dimostrare l'infondatezza della pretesa fiscale e non ad ottenere la declaratoria di nullità del contratto simulato*".

Prassi

Agenzia delle Entrate, circolare 12 marzo 2010, n. 12, in *www.agenziaentrate.it* (*Accertamento sintetico e redditometro*). Agenzia delle Entrate, circolare 15 febbraio 2013, n. 1, in *www.agenziaentrate.it* (*Accertamento in base a redditometro*).

6. AVVISO DI ACCERTAMENTO INDUTTIVO
(Irpef, Ires, Irap, Iva)

L'Agenzia delle Entrate può procedere ad accertamento induttivo quando, ai fini della determinazione del reddito, all'amministrazione finanziaria è impedito di utilizzare il bilancio e le scritture contabili, o perché mancanti o perché inattendibili.

In questi casi l'Agenzia può procedere a determinare l'ammontare complessivo imponibile sulla base di dati e notizie comunque raccolti o venuti a sua conoscenza, con facoltà di prescindere in tutto o in parte dalle risultanze del bilancio e delle scritture contabili, ove esistenti, e di avvalersi anche di presunzioni prive dei requisiti di gravità, precisione e concordanza.

Normativa

Art. 55, d.p.r. 26 ottobre 1972, n. 633; Art. 39, co. 2, d.p.r. 29 settembre 1973, n. 600.

Dottrina

BASILAVECCHIA, *Accertamento tributario*, in CASSESE (diretto da), *Diz. dir. pubbl.*, Milano, 2006.

FANTOZZI, *Accertamento tributario*, in *Enc. giur. Treccani*, vol. 1, *Aggiornamento*, Roma, 2006.

MARCHESELLI, *Gli accertamenti analitico-induttivi e gli studi di settore tra presunzioni semplici e legali*, in *Corr. trib.*, 2009, 3622.

MARCHESELLI, *Accertamenti tributari e difesa del contribuente. Poteri e diritti nelle procedure fiscali*, Milano, 2010.

Giurisprudenza

Cass., Sez. trib., 11 febbraio 2011, n. 3326, in *Riv. giur. trib.*, 2011, 6, 490, con nota di BASILAVECCHIA, *Dati rinvenuti presso terzi e accertamento induttivo*: "*laddove il giudice di merito ritenga illegittimo un avviso di accertamento basato solo sulla contabilità in nero salvata su un 'floppy disk' di terzi, perché non motivato, non sufficientemente provato e non fondato su presunzioni gravi, precise e concordanti, deve ritenersi che l'assenza di elementi di riscontro rispetto alle tesi sostenute dall'Ufficio esprime una ragione sufficiente, da sola, a evidenziare i motivi del convincimento raggiunto dal giudice*".

Cass., Sez. trib., 9 luglio 2014, n. 15633, in *Banca Dati DeJure*, "*La motivazione dell'avviso di accertamento, effettuato con metodo induttivo o che, comunque, desuma l'inattendibilità della posizione del soggetto passivo in base a dati comparativi esterni, non può esaurirsi nel mero rilievo dello scostamento dai parametri, ma deve essere integrata (anche sotto il profilo probatorio) con le ragioni per cui sono state disattese le contestazioni sollevate dal contribuente in sede di contraddittorio, solo così emergendo la gravità, precisione e concordanza della presunzione basata sui suddetti parametri e, quindi, giustificandosi un onere di prova contraria (ma senza alcuna limitazione di mezzi e di contenuto) a carico del contribuente*".

Cass., Sez. trib., 31 ottobre 2018, n. 27804, in *Massimario Giustizia Civile*, 2018. "*In tema di accertamento induttivo dei redditi d'impresa, consentito dall'art. 39, comma 1, lett. d) del d.P.R. n. 600 del 1973 sulla base del controllo delle scritture e delle registrazioni contabili, l'atto di rettifica, qualora l'ufficio abbia sufficientemente motivato, specificando gli indici di inattendibilità dei dati relativi ad alcune poste di bilancio e dimostrando la loro astratta idoneità a rappresentare una capacità contributiva non dichiarata, è assistito da presunzione di legittimità circa l'operato degli accertatori, nel senso che null'altro l'ufficio è tenuto a provare, se non quanto emerge dal procedimento deduttivo fondato sulle risultanze esposte, mentre grava sul contribuente l'onere di dimostrare la regolarità delle operazioni effettuate, anche in relazione alla contestata antieconomicità delle stesse, senza che sia sufficiente invocare l'apparente regolarità delle annotazioni contabili, perché proprio una tale condotta è di regola alla base di documenti emessi per operazioni inesistenti o di valore di gran lunga eccedente quello effettivo*".

Cass., Sez. trib. 16 marzo 2020, n. 7290, in *Iltributario.it*, fascicolo 20 maggio 2020, con nota di DURANTE, *Ricostruzione induttiva del reddito imponibile*: "*In caso di ricostruzione induttiva del reddito è ammesso il calcolo della percentuale di ricarico stabilita dall'esercente prendendo in considerazione solo un campione significativo di merci attraverso cui l'Ufficio può applicare la media semplice e non quella ponderata. Inoltre, l'inattendibilità complessiva delle scritture contabile determinata da omissione, falsità, incertezza nella loro tenuta legittima l'ufficio impositore all'accertamento induttivo del reddito imponibile fondato su presunzioni anche prive dei requisiti di gravità, precisione e concordanza*".

Prassi

Agenzia delle Entrate, circolare 12 marzo 2010, n. 12, in *www.agenziaentrate.it* (*Accertamento sulla base degli studi di settore*). Agenzia delle Entrate, circolare 11 luglio 2012, n. 30, in *www.agenziaentrate.it* (*Accertamento sulla base degli studi di settore – decreti del Ministro dell'Economia e delle Finanze del 28 dicembre 2011*).

7. AVVISO DI ACCERTAMENTO PARZIALE

(Imposte sui redditi, Iva)

L'avviso di accertamento parziale deroga al principio generale di unicità e globalità dell'atto di accertamento. Qualora a seguito di un'ordinaria attività istruttoria, nonché dalle segnalazioni effettuate un ufficio dell'Agenzia delle Entrate ovvero di altre Agenzie fiscali, dalla Guardia di finanza o da pubbliche amministrazioni oppure dai dati in possesso dell'anagrafe tributaria, risultino elementi che consentono di stabilire l'esistenza di un reddito non dichiarato o il maggiore ammontare di un reddito parzialmente dichiarato, gli Uffici delle Entrate possono limitarsi ad accertare, (in base agli elementi predetti), il reddito o il maggior reddito imponibili, ovvero la maggiore imposta da versare. Tale accertamento non preclude un'ulteriore azione accertatrice.

Normativa

Art. 41-*bis*, d.p.r. 29 settembre 1973, n. 600; Art. 54, co. 5, d.p.r. 26 ottobre 1972, n. 633.

Dottrina

INGRAO, *Frammentazione dell'accertamento tributario e violazione del principio di unicità*, in *Riv. dir. trib.*, 2005, I, 861.

LA ROSA, *Ancora a proposito della distinzione tra accertamenti ordinari e speciali in materia di imposte dirette e IV*, in *Riv. dir. trib.*, 2005, I, 953.

BAGAROTTO, *La frammentazione dell'attività accertativa ed i principi di unicità e globalità dell'accertamento*, Torino, 2012.

Giurisprudenza

Cass., Sez. trib., 28 ottobre 2015, n. 21984, in *Il Fisco*, 2015,44, 4296, "*L'accertamento parziale, che è uno strumento diretto a perseguire finalità di sollecita emersione della materia imponibile, non costituisce un metodo di accertamento autonomo rispetto alle previsioni di cui agli artt. 38 e 39 del d.P.R. n. 600 del 1973 e 54 e 55 del d.P.R. n.*

633 del 1972, bensì una modalità procedurale che ne segue le stesse regole, per cui può basarsi senza limiti anche sul metodo induttivo e può essere emesso pur in presenza di una contabilità tenuta in modo regolare".

Cass., Sez. trib., 1° ottobre 2018, n. 23685, in *Iltributario.it*, fascicolo 13 novembre 2018, con nota di BARUSCO, *L'accertamento parziale come strumento per aggirare l'"unicità e globalità" dell'atto impositivo*: "*Il ricorso all'accertamento parziale previsto dall'art. 41-bis, d.P.R. n. 600/1973, non preclude una integrazione o reiterazione dell'accertamento medesimo e non richiede la sopravvenuta conoscenza di nuovi elementi da parte dell'Amministrazione, da indicare in modo specifico a pena di nullità del nuovo accertamento*".

Cass., Sez. trib., 5 marzo 2020, n. 6243, in *Giustizia Civile Massimario*, 2020, "*In materia di IVA, l'accertamento parziale, ai sensi dell'art. 54, comma 5, del d.P.R. n. 633 del 1972, è uno strumento diretto a perseguire la sollecita emersione della materia imponibile, laddove le attività istruttorie non richiedano, per la loro oggettiva consistenza, ulteriori valutazioni, sicché, anche nel testo anteriore alle modifiche apportate dalla l. n. 311 del 2004, può essere fondato pure su una verifica generale, che abbia dato luogo ad un processo verbale di constatazione, in quanto la segnalazione degli organi indicati costituisce un semplice atto di comunicazione, distinto dall'attività istruttoria, da esso necessariamente presupposta*".

Prassi

Agenzia delle Entrate, circolare 17 settembre 2008, n. 55, in *www.agenziaentrate.it* (*Oggetto del procedimento di adesione ai processi verbali di constatazione e accertamento parziale*). Agenzia delle Entrate, circolare 13 marzo 2009, n. 8, in *www.agenziaentrate.it* (*Accertamento parziale e adesione ai processi verbali di constatazione*).

8. AVVISO DI ACCERTAMENTO INTEGRATIVO
(Imposte sui redditi, Iva)

L'avviso di accertamento integrativo viene emesso successivamente all'emanazione di un altro atto di accertamento, per cui, al pari dell'accertamento parziale, deroga al principio generale di unicità e globalità dell'atto di accertamento.

L'avviso di accertamento integrativo può essere emesso fino alla scadenza del termine ordinario per la notifica dello stesso e, oltre a possedere tutti i requisiti previsti in generale dall'art. 42, d.p.r. n. 600/1973, deve anche indicare in modo specifico, a pena di nullità, i nuovi elementi e gli atti o fatti attraverso di cui l'Agenzia delle Entrate è venuta a conoscenza.

Normativa

Art. 43, d.p.r. 29 settembre 1973, n. 600; Art. 57, co. 4, d.p.r. 26 ottobre 1972, n. 633.

Dottrina

MULEO, *Atti impositivi modificativi di precedenti e derive in tema di accertamento integrativo in carenza di sopravvenuta conoscenza di nuovi elementi*, in *Riv. dir. trib.*, 2010, II, 567.

PISTOLESI, *Quale sorte per gli accertamenti integrativi e modificativi?*, in *Riv. dir. trib.*, 2010, II, 387.

FICARI, *Autotutela positiva e riesame positivo nella reiterazione dell'attività di accertamento*, in *Boll. trib.*, 2011, 7, 549.

BAGAROTTO, *La frammentazione dell'attività accertativa ed i principi di unicità e globalità dell'accertamento*, Torino, 2012.

Giurisprudenza

Cass., Sez. trib., 3 aprile 2013, n. 8029, in *Il Fisco*, 2013, 24, 3713, con nota di TURIS, *Accertamento integrativo e sopravvenuta conoscenza di nuovi elementi*: "*l'accertamento integrativo può avvenire solo quando l'ente impositore dimostri la sopravvenuta conoscenza di nuovi elementi, ovvero il rinvenimento di elementi non noti né conoscibili all'atto dell'emanazione del primo atto. Questa regola è posta a salvaguardia dell'unitarietà dell'accertamento, dovendosi evitare l'inutile proliferazione di atti attraverso l'obbligo, da parte dell'amministrazione, di utilizzare subito, e nel medesimo contesto, tutti gli elementi a sua disposizione*".

Cass., Sez. trib., 30 ottobre 2018, n. 27565, in banca *Iltributario.it*, fascicolo 4 febbraio 2019, con nota di MENDOLA, *I presupposti per l'ammissibilità di un accertamento integrativo*: "*In tema di accertamento delle imposte sui redditi, l'amministrazione può emettere un avviso di accertamento integrativo sulla base della sopravvenuta conoscenza di nuovi elementi, non della semplice rivalutazione o del maggiore approfondimento di dati probatori già interamente noti all'ufficio al momento dell'emissione dell'avviso originario*".

Prassi

Agenzia delle Entrate, circolare 31 ottobre 2007, n. 60, in *www.agenziaentrate.it* (*Istruzioni operative da seguire per l'accertamento ai fini ires nei confronti delle società che hanno adottato il consolidato nazionale*).

9. ACCERTAMENTO ESECUTIVO

Ai sensi dell'art. 29, d.l. n. 78/2010 gli avvisi di accertamento emessi dall'Agenzia delle Entrate ai fini delle imposte sui redditi, dell'imposta regionale sulle attività produttive e dell'imposta sul valore aggiunto ed il connesso provvedimento di irrogazione delle sanzioni, divengono esecutivi decorsi sessanta giorni dalla notifica, sostituendo in tal modo, limitatamente alle suddette imposte, il meccanismo di riscossione mediante ruolo e cartella di pagamento. Spirati i sessanta giorni (o centocinquanta, nel caso di accertamento con adesione) l'atto diviene "esecutivo" a tutti gli effetti, potendo dar luogo a riscossione straordinaria in caso di "fondato pericolo per il positivo esito della riscossione".

Decorsi, invece, trenta giorni dal termine ultimo per il pagamento, le somme richieste nell'atto vengono affidate in carico agli agenti della riscossione anche ai fini dell'esecuzione forzata.

Normativa

Art. 29, d.l. 31 maggio 2010, n. 78.

Dottrina

GLENDI, *Notifica degli atti "impoesattivi" e tutela cautelare ad essi correlata*, in *Dir. prat. trib.*, 2011, 3, 481.

GIOVANNINI, *Riscossione in base al ruolo e agli atti d'accertamento*, in *Rass. trib.*, 2011, 22.

CARINCI, *La concentrazione della riscossione nell'accertamento*, in AA.VV., *La concentrazione della riscossione nell'accertamento* (a cura di C. GLENDI, V. UCKMAR), Padova, 2011, 47.

CANNIZZARO S., *Concentrazione della riscossione nell'accertamento: le ricadute sul sistema* in AA.VV. *La riscossione dei tributi* (a cura di M. BASILAVECCHIA, S. CANNIZZARO, A. CARINCI), Milano, 2011, 72.

GIOVANNINI, *Fondato pericolo per la riscossione ed esazione straordinaria nell'accertamento esecutivo*, in *Riv. trim. dir. trib.*, 2012, 1, 119.

Giurisprudenza

Comm. Trib. Prov. Reggio Emilia, Sez. III, 12 maggio 2015, in *GT-Riv. giur. trib.*, 2015, 10, 806, con nota di CARINICI, *Considerazioni intorno all'avviso di presa a carico dell'accertamento esecutivo ed alla sua impugnabilità*: "*La comunicazione di presa in carico da parte dell'Agente della riscossione delle somme pretese con accertamento esecutivo non è impugnabile davanti al giudice tributario. perché non porta a conoscenza del contribuente alcuna specifica pretesa tributaria nuova ed ulteriore rispetto a quella contenuta nell'avviso di accertamento*".

Comm. Trib. Prov. Asti, Sez. II, 9 gennaio 2014, n. 2, in *Banca Dati IPSOA*: "*Non è impugnabile la comunicazione con la quale l'Agente della riscossione fornisce notizia al contribuente della presa in carico delle somme iscritte dall'Ufficio delle Entrate in seguito ad accertamento esecutivo divenuto definitivo per mancata impugnazione*".

Comm. Trib. Prov. La Spezia, Sez. III, 15 febbraio 2017, n. 71, in *Banca Dati DeJure*: "*L'accertamento tributario per tutti gli atti disciplinati dall'articolo 29 della legge n. 122 del 2010 ha una funzione accertativa ed anche esattiva, pertanto l'azione esecutiva da parte dell'Ufficio Amministrativo può essere posta in essere anche senza la necessità di alcun'altra comunicazione*".

Prassi

Agenzia delle Entrate, Circolare 14 maggio 2014, n. 10/E, in *www.agenziaentrate.it* (*risposta a un quesito in tema di erroneità della pretesa in pendenza di giudizio*).

10. CARTELLA DI PAGAMENTO

(Tributi in genere)

La cartella di pagamento è l'atto attraverso il quale l'Agente della riscossione rende noto al debitore le somme iscritte a ruolo che li riguardano; contiene i dati del ruolo e la data in cui lo stesso è diventato esecutivo.

La cartella è formata dall'Agente della riscossione territorialmente competente in base alla residenza dei contribuenti e deve essere notificata, a pena di decadenza, entro i termini perentori previsti dall'art. 25, d.p.r. n. 602/1973. Dalla notifica decorre il termine per l'impugnazione.

Normativa

Artt. 25-26, d.p.r. 29 settembre 1973, n. 602; Art. 29, d.l. 31 maggio 2010, n. 78.

Dottrina

LA ROSA, *Riscossione delle imposte*, in *Enc. giur. Treccani*, Roma, 2000.

BASILAVECCHIA, *Il ruolo e la cartella di pagamento: profili evolutivi della riscossione dei tributi*, in *Dir. e prat. trib.*, 2007, 1, 127.

CARINCI, *La riscossione a mezzo ruolo nell'attuazione del tributo*, Pisa, 2009.

AA.VV., *La riscossione dei tributi*, a cura di BASILAVECCHIA, CANNIZZARO, CARINCI, Milano, 2011.

Giurisprudenza

Cass., Sez. trib., 10 maggio 2004, n. 15638, in *Dir. prat. trib.*, 2005, 3, 497, con nota di CALIFANO, *La motivazione della cartella di pagamento non preceduta da avviso di accertamento: "alla cartella di pagamento sono applicabili i principi di ordine generale previsti per ogni provvedimento amministrativo dall'art. 3, legge 7 agosto 1990, n. 241, in quanto una diversa interpretazione si porrebbe in contrasto con il diritto di difesa sancito dagli artt. 3 e 24 della Costituzione. Conseguentemente, anche nella cartella di pagamento, sia pure succintamente, il Comune è tenuto ad indicare le ragioni dell'iscrizione a ruolo del tributo di., ovvero sia la mera causale, sia della motivazione vera e propria, in modo tale da consentire al contribuente un esercizio del diritto di difesa non eccessivamente difficoltoso*".

Corte cost., 15 luglio 2005, n. 280, in *Fisco*, 2005, 31, 4903, con nota di ROSSI, *La Consulta boccia la mancata previsione di un termine decadenziale per la notifica della cartella di pagamento: "è fondata la questione di legittimità costituzionale dell'art. 25, d.p.r. 29 settembre 1973, n. 602, nel testo modificato dall'art. 1, comma 1, lett. b), d.lgs. 27 aprile 2001, n. 193, sollevata con riferimento agli artt. 3 e 24 della Costituzione. Infatti, la mancata esplicita previsione di un termine di decadenza entro il quale la cartella di pagamento di pagamento deve essere notificata al contribuente, costituisce violazione del principio generale secondo il quale non è consentito lasciare il contribuente esposto senza limiti temporali all'azione esecutiva del Fisco*".

Cass., Sez. V, 26 marzo 2014, n. 7056, in *Dir. prat. trib.*, 2014, 3, 414, con nota di ZAGÀ, *Il vizio di motivazione degli atti amministrativi tributari secondo la Corte di Cassazione: brevi note in merito ad alcuni corollari processuali derivanti dal riscontro di tale vizio*, "*l'obbligo di motivazione della cartella di pagamento deve intendersi esteso anche all'indicazione ed alla comprensione delle modalità di calcolo degli interessi e dei compensi di riscossione, di cui viene intimato il pagamento, pure nel caso in cui la stessa rappresenti l'atto consequenziale del prodromico avviso di accertamento*".

Prassi

Agenzia delle Entrate, circolare 6 marzo 2008, n. 16, in *www.agenziaentrate.it* (*indicazione del responsabile del procedimento*).

11. ISTANZA DI ACCERTAMENTO CON ADESIONE
(Tributi in genere)

L'accertamento con adesione è un provvedimento emesso dall'Ufficio a seguito di un contraddittorio con il contribuente e da quest'ultimo sottoscritto per adesione. La procedura di accertamento con adesione può essere avviata sia dall'Ufficio, per il quale l'invito è meramente facoltativo, sia dal contribuente all'esito di accessi, ispezioni e verifiche ovvero dopo l'avvenuta notifica di un avviso di accertamento.

L'istanza del contribuente, in carta libera, è indirizzata all'Ufficio competente e, nel caso in cui segua alla notifica di un atto di accertamento, deve essere presentata entro i termini per l'impugnazione dell'atto innanzi alle commissioni tributarie, così producendo l'effetto di sospendere per 90 giorni i termini per la proposizione del ricorso.

L'atto di accertamento con adesione non può essere impugnato e non è né integrabile né modificabile ad iniziativa dell'Ufficio, fatti salvi i limitati casi di cui all'art. 2, co. 4, d.lgs. n. 218/1997.

Normativa

Art. 1 ss., d.lgs. 19 giugno 1997, n. 218.

Dottrina

VERSIGLIONI, *Accordo e disposizione nel diritto tributario*, Milano, 2001.

TURCHI, *Istanza di accertamento con adesione proposto da società di persone e sospensione del termine di impugnazione nei confronti dei soci*, in *Giust. trib.*, 2007, 3.

MARELLO, *L'invalidità dell'accertamento con adesione*, in *Giust. trib.*, 2008, 3, 9.

BASILAVECCHIA, *Sull'equivoca fattispecie della rinuncia all'adesione*, in *Corr. trib.*, 2012, 48, 3697.

MARELLO, *Sul regresso del coobbligato solidale, in seguito al perfezionamento di un accertamento con adesione*, in *Riv. trim. dir. trib.*, 2014, 4, 954.

Giurisprudenza

Cass. civ., sez. VI, 26 ottobre 2015, n. 21762, in *Banca Dati IPSOA*: "*In tema di contenzioso tributario, la definitività dell'autonomo avviso di accertamento, emesso ai fini IRPEF nei confronti del socio di società di persone in considerazione dei maggiori ricavi accertati in capo alla società di persone, ne comporta l'intangibilità, escludendo, pertanto, che il socio possa invocare, in sede d'impugnazione della conseguente cartella di pagamento, le vicende dell'atto impositivo riferito alla società di persone (nella specie, definizione agevolata della pretesa tributaria scaturita dall'istanza di accertamento per adesione autonomamente proposta dalla società)*".

Cass. civ., Sez. trib., 30 luglio 2014, n. 17314, in *Fisco*, 2014, 3574, con nota di DENARO, *Istanza "libera" per l'istanza con adesione proposta dal contribuente*: "*È valida l'istanza di accertamento con adesione ex art. 6 del D.Lgs. n. 218/1997 spedita all'Ufficio con raccomandata senza ricevuta di ritorno ed in busta chiusa, a differenza di quanto previsto invece per il ricorso che, in base all'art. 20 del D.Lgs. n. 546/1992, deve essere spedito in plico raccomandato senza busta con avviso di ricevimento. Il calcolo dei 60 giorni entro i quali deve essere presentata l'istanza di adesione si chiude alla data di spedizione di detta istanza, a nulla rilevando il fatto che essa pervenga all'Ufficio soltanto successivamente allo spirare del predetto termine di 60 giorni*".

Cass., Sez. III, 7 maggio 2014, n. 9859, in *Giur. it.*, 2015, 1, 57, con nota di PECCHIA, *Spese della vendita e solidarietà*: *L'istanza di adesione sospende il termine per impugnare l'atto d contestazione dell'illecito*, "*In tema di vendita, l'atto di accertamento per adesione sottoscritto da un solo condebitore, al quale egli dia spontanea esecuzione, non vincola il coobbligato in solido che ad esso sia rimasto estraneo*".

Prassi

Agenzia delle Entrate, circolare 28 giugno 2001, n. 65, in *www.agenziaentrate.it* (*Approfondimenti di aspetti concernenti la gestione dei procedimenti di accertamento con adesione*). Agenzia delle Entrate, circolare 26 agosto 2003, n. 48, in *www.agenziaentrate.it* (*Istruzioni operative agli Uffici in ordine alla gestione del procedimento di accertamento con adesione sulla base degli studi di settore*). Agenzia delle Entrate, circolare 2 agosto 2012, n. 31/E, in *banca dati IPSOA* (*Indebita deduzione di componenti negativi in violazione del principio di competenza. Possibilità di compensazione nell'ambito del procedimento di adesione*).

12. ATTO DI ACCERTAMENTO CON ADESIONE
(Tributi in genere)

Alla fine dei colloqui che intercorrono tra l'Agenzia delle Entrate e il contribuente durante il procedimento di adesione, l'Ufficio redige, in duplice esemplare, l'atto di accertamento con adesione. Questo, sottoscritto dal contribuente e dal capo dell'Ufficio o da un suo delegato, contiene l'indicazione, separatamente per ciascun tributo, degli elementi e la motivazione sui cui la definizione si fonda, nonché la liquidazione delle maggiori imposte, delle sanzioni (per effetto premiale ridotte ad un terzo del minimo previsto dalla legge) delle altre somme eventualmente dovute, anche in forma rateale.

La procedura di adesione si perfeziona con il versamento, da parte del contribuente, entro 20 giorni dalla redazione dell'atto, delle somme concordate, ovvero della prima rata.

Normativa

V. riferimenti *sub* 11, ISTANZA DI ACCERTAMENTO CON ADESIONE.

Dottrina

V. riferimenti *sub* 11, ISTANZA DI ACCERTAMENTO CON ADESIONE.

Giurisprudenza

Cass., Sez. trib., 28 dicembre 2011, n. 29127, in *Corr. trib.*, 2012, 16, 1222, con nota di BOCCALATTE, CORTI, *Il mancato invito del contribuente che ha presentato istanza di adesione non invalida l'avviso di accertamento*: "*la mancata convocazione del contribuente a seguito della presentazione dell'istanza di adesione, non comporta la nullità dell'accertamento con adesione, dal momento che tale sanzione non è prevista dalla legge*".

Cass., Sez. trib., 30 maggio 2012, n. 8628, in *Banca Dati Fisconline*, "*In caso di pagamento rateale, la procedura di adesione si perfeziona con il versamento della prima rata e con la prestazione della garanzia. Ne deriva che, quando, pur essendo stata versata la prima rata, sia omessa la prestazione della garanzia prevista dalla legge, la procedura non può dirsi perfezionata e permane l'originaria pretesa tributaria. Pertanto, la circostanza che il pagamento rateale venga realmente effettuato non è idonea a mutare i termini della questione, essendo necessario che i futuri versamenti siano assicurati mediante la prestazione della garanzia*".

Cass., Sez. III, 7 maggio 2014, n. 9859, in *Giur. it.*, 2015, 1, 57, con nota di PECCHIA, *Vendita – spese della vendita e solidarietà*, "*in tema di vendita, l'atto di accertamento per adesione sottoscritto da un solo condebitore, al quale egli dia spontanea esecuzione, non vincola il coobbligato in solido che ad esso sia rimasto estraneo*".

Cass., Sez. trib., 14 gennaio 2015, n. 444, in *Banca Dati DeJure*, "*Nel procedimento di accertamento per adesione l'instaurazione del contraddittorio preventivo da parte dell'amministrazione finanziaria è del tutto facoltativa e non inficia la validità dell'atto emesso*".

Prassi

V. riferimenti *sub* 11, ISTANZA DI ACCERTAMENTO CON ADESIONE.

13. ISTANZA DI AUTOTUTELA
(Tributi in genere)

L'amministrazione finanziaria, qualora riconosca i vizi di un suo atto, può procedere ad annullarlo in tutto o in parte, esercitando il potere di autotutela.

L'autotutela può essere esercitata a seguito di richiesta del contribuente o d'ufficio, sia in pendenza di giudizio, sia nel caso di omessa impugnazione di atti illegittimi o infondati.

La presentazione dell'istanza non sospende i termini di impugnazione degli atti. L'Agenzia è tenuta a fornire una risposa scritta e motivata.

Normativa

Art. 2-*quater*, d.l. 30 settembre 1994, n. 564, convertito in legge 30 novembre 1994, n. 65;
Art. 13, co. 6, legge 27 luglio 2000, n. 212.

Dottrina

MUSCARÀ, *Autotutela (V. diritto tributario)*, in *Enc. giur. Treccani*, Roma, 2004.
FICARI, *L'autotutela dell'Amministrazione finanziaria: riflessioni a margine dei recenti 'itinerari' della giurisprudenza tributaria*, in *Rass. trib.*, 2007, 1715.
ROSSI, *Il riesame degli atti di accertamento*, Milano, 2008.
DEL FEDERICO, *Tutela del contribuente ed integrazione giuridica europea*, Milano, 2010.
FICARI, *Brevi note sul riesame di un avviso di accertamento in sede di autotutela parziale*, in *Riv. trim. dir. trib.*, 2015, 1, 205.

Giurisprudenza

Cass. civ., Sez. un., 12 settembre 2012, n. 15220, in *Banca Dati BigUnico Online*: "*il termine di decadenza per impugnare dinanzi il giudice tributario l'atto di diniego di rimborso ai sensi dell'art. 21 del d.lgs. 31 dicembre 1992, n. 546, non è sospeso dalla presentazione di istanza di autotutela all'Amministrazione finanziaria. Infatti il procedimento di diniego di rimborso è autonomo rispetto a quello introdotto dalla richiesta di provvedere in autotutela, e, quindi, deve escludersi qualsiasi interferenza del secondo sull'acquisto della definitività dell'atto di diniego*".

Cass., Sez. V, 30 giugno 2010, n. 15451, in *Corr. trib.*, 2010, 31, 2551, "*Il limite della cosa giudicata, ai fini dell'esercizio del potere di autotutela (nel caso di specie, istanza per l'annullamento di attribuzione di rendita catastale), opera anche nel caso in cui le ragioni poste a base dell'istanza di autotutela non siano state esaminate nel precedente giudizio di merito. Invero l'oggetto del giudicato deve essere individuato in base all'oggetto del processo, da identificarsi in base ai soggetti, il* petitum *e alla* causa petendi, *raion per cui, avuto anche riguardo alla strumentalità della tutela giurisdizionale rispetto ai diritti azionati, viene in rilievo l'accertamento compiuto, con sentenza passata in giudicato, in relazione ad una situazione giuridica (la rendita catastale), tale da assorbire sia le questioni dibattute nel giudizio, sia quelle che costituiscono una indispensabile premessa logico-giuridica della statuizione contenuta nella decisione definitiva*".

Cass., Sez. trib., 30 dicembre 2019, n. 31467, in *Iltributario.it*, fascicolo 20 gennaio 2020, con nota di MENDOLA, *Autotutela sostitutiva: l'A.F. può emettere nuovo atto modificativo in aumento della pretesa di un precedente atto*: "*L'autotutela sostitutiva è un potere riconosciuto all'Amministrazione Finanziaria che si renda conto che il provvedimento emesso è viziato sotto il profilo procedimentale o sostanziale, potendo quest'ul-*

tima rimuovere un precedente atto ed emettere uno nuovo, anche modificativo di precedenti statuizioni più favorevoli al contribuente. In ragione dell'assenza di una specificazione legislativa circa l'ammissibilità di modifiche in bonam partem *o* in malam partem, *nulla esclude che l'Amministrazione Finanziaria possa emettere un nuovo atto modificativo in aumento della pretesa contenuta in un precedente atto*".

Prassi

Agenzia del territorio, circolare 26 ottobre 2005, n. 11/T, in *www.agenziaentrate.it* (*Potere di autotutela nel settore catastale*). Istituto di ricerca DCEC, circolare 10 novembre 2008, n. 7/IR, in *Banca Dati IPSOA* (*Potere di autotutela dell'Amministrazione finanziaria*). Agenzia delle Entrate, circolare 15 febbraio 2013, n. 1/E, par. 2.4, in *Banca Dati IPSOA* (*Sulla necessità di un nuovo atto, sostitutivo di quello originario, ovvero della semplice comunicazione di errori contenuti nell'atto originario*).

14. DINIEGO DI AUTOTUTELA

(Tributi in genere)

Il diniego di autotutela è l'atto con il quale l'Agenzia rigetta l'istanza di autotutela presentata da un contribuente.

La questione più rilevante è quella relativa all'impugnabilità del diniego, profilo su cui la giurisprudenza non è pacifica. Là dove sia ammessa l'impugnazione, un ulteriore problema è quello dei limiti al sindacato del giudice tributario su tale provvedimento di diniego.

Normativa

V. riferimenti *sub* 13, ISTANZA DI AUTOTUTELA.

Dottrina

V. riferimenti *sub* 13, ISTANZA DI AUTOTUTELA.

Giurisprudenza

Cass. civ., Sez. un., 6 febbraio 2009, n. 2870, in *Boll. trib. inf.*, 2009, 474, con nota di FICARI, *Diniego di autotutela negativa e sezioni "disunite" della Cassazione: "È inammissibile il ricorso avverso il provvedimento di rigetto, espresso o tacito, dell'istanza di autotutela presentata dal contribuente diretta ad ottenere l'annullamento di un atto impositivo divenuto definitivo*".

Cass., Sez. trib., 3 marzo 2011, n. 5120, in *Boll. trib. inf.*, 2011, 13, 1037 con nota di BRIGHENTI, *Autotutela negata? L'Agenzia delle entrate paga i danni: "L'attività della Pubblica Amministrazione, anche quando agisce discrezionalmente, deve svolgersi nei limiti posti dalla legge e dal principio primario del '*neminem laedere*' espresso dall'art. 2043 c.c. Pertanto il giudice ordinario può accertare se vi sia stato da parte dell'Amministrazione finanziaria un comportamento doloso o colposo tale da determinare la violazione di un diritto soggettivo, con la conseguenza che dovrà essere risarcito il danno economico causato al contribuente per il mancato annullamento in autotutela da parte dell'Amministrazione stessa".*

Cass., 16 maggio 2012, n. 7687, in *Fisconline*: *"Il contribuente che richiede all'Amministrazione finanziaria di ritirare un atto in autotutela deve prospettare l'esistenza di un interesse generale dell'amministrazione medesima alla rimozione. Essendo l'attività di autotutela contrassegnata da ampia discrezionalità, contro il diniego di procedere all'esercizio del potere non può, in linea di principio, essere proposta impugnazione in sede giurisdizionale. Posto che il diniego di autotutela equivale sempre a conferma del precedente provvedimento, l'impugnabilità può essere affermata solo con riferimento ai casi in cui il diniego di autotutela, lungi dal costituire mero atto confermativo, identifichi un atto autonomo, sostitutivo del primo e frutto di una specifica e propria attività istruttoria".*

Prassi

V. riferimenti *sub* 13, ISTANZA DI AUTOTUTELA

15. ISTANZA DI RIMBORSO
(Tributi in genere)

Nel caso in cui il contribuente si trovi in credito nei confronti dell'Erario può chiedere il rimborso dei relativi tributi.

L'istanza va presentata entro il termine previsto da specifiche disposizioni o, in mancanza, nel termine generale di cui all'art. 21, d.lgs. n. 546/1992.

A seguito della presentazione di un'istanza di rimborso, decorsi 90 giorni dalla presentazione della stessa, qualora l'Agenzia non abbia provveduto ad emettere un provvedimento di diniego, si forma un silenzio rifiuto sindacabile dinanzi alla Commissione Tributaria.

Normativa

Artt. 37-38, d.p.r. 29 settembre 1973, n. 602; Art. 21, d.lgs. 31 dicembre 1992, n. 546.

Dottrina

TABET, *Rimborso dei tributi*, in *Enc. giur. Treccani*, con postilla di aggiornamento di BASILAVECCHIA, *Rimborso dei tributi*, Roma, 2002.

MISCALI, *Il diritto di restituzione*, Milano, 2004.

MICELI, *Indebito comunitario e sistema tributario interno*, Milano, 2009.

DEL FEDERICO, *Tutela del contribuente ed integrazione giuridica europea*, Milano, 2010.

INGROSSO, *Recupero delle situazioni attive creditorie derivanti da errore dichiarativo ed errata imputazione a periodo*, in *Rass. trib.*, 2012, 6, 1439.

Giurisprudenza

Cass., Sez. trib., 8 giugno 2007, n. 13484, in *Fisconline*: "*In ossequio ai principi di buona fede e tutela dell'affidamento, nonché a quello di capacità contributiva, l'art. 38 del d.p.r. n. 600/1973 che, in tema di imposte sui redditi, autorizza la presentazione dell'istanza di rimborso non solo in caso di errore materiale, ma anche in quello di inesistenza totale o parziale dell'obbligo di versamento, opera in maniera indifferenziata in tutte le ipotesi di ripetibilità del versamento dell'indebito, dall'errore materiale al caso di inesistenza dell'obbligazione, e tanto se l'errore di riferisca al versamento, quanto nel caso in cui ricada sull'an o sul quantum del tributo*".

Cass., Sez. trib., 2 dicembre 2008, n. 28559, in *Fisconline:* "*Il termine di decadenza dell'istanza di rimborso sui versamenti diretti in acconto sulle imposte sui redditi decorre dal giorno del versamento – anche in acconto – qualora per essi possa rilevarsi ab origine la non debenza del tributo. Diversamente, il dies a quo deve essere individuato nella data di versamento del saldo nel solo caso in cui l'eccedenza e il diritto alla ripetizione sorgano in tale momento ovvero siano conseguenza di una determinazione del quantum dovuto*".

Cass., Sez. trib., 27 febbraio 2009, n. 4773, in *Riv. giur. trib.*, 2009, 4, 329, con nota di TABET, *Istanza di rimborso rivolta ad Ufficio incompetente: finalmente un passo avanti della Cassazione*: "*Nel caso in cui un'istanza di rimborso Irpef sia presentata ad Ufficio non competente, questi, in conformità alle regole di collaborazione tra organi della stessa Amministrazione, è tenuto a trasmetterla all'Ufficio competente. In difetto, è comunque configurabile il silenzio-rifiuto da parte dell'Ufficio incompetente in merito al rimborso medesimo, impugnabile dinanzi alle Commissioni tributarie*".

Prassi

Agenzia delle Entrate, risoluzione 2 dicembre 2008, n. 459, in *www.agenziaentrate.it* (*modalità di recupero delle somme versate in eccesso per errore nella dichiarazione*).

Agenzia delle Entrate, risoluzione 13 dicembre 2011, n. 123/E, in *www.agenziaentrate.it* (*ufficio competente alla ricezione dell'istanza di rimborso*).

16. DICHIARAZIONE TRIBUTARIA: PROFILI GENERALI

La dichiarazione tributaria è istituto centrale nell'attuazione del prelievo impositivo.

La dichiarazione rappresenta il momento di partecipazione del contribuente alla fase di attuazione del tributo mediante la c.d. autoliquidazione.

Per quanto riguarda i tributi erariali, le dichiarazioni tributarie sono redatte su Modelli annualmente predisposti ed approvati dall'Agenzia delle Entrate, e trasmessi per via telematica, mediante intermediari abilitati.

I modelli attualmente in uso sono svariati, liberamente consultabili sul sito dell'Agenzia delle Entratehttps://www.agenziaentrate.gov.it/portale/Strumenti/Modelli/Tutti+i+Modelli. Si riportano, di seguito, i principali:

– Modello 730 (Dichiarazione dei lavoratori dipendenti e dei pensionati); Modello 770 (Dichiarazione dei sostituti d'imposta e degli intermediari relativa a redditi di capitale e redditi diversi di natura finanziaria, proventi vari, versamenti, crediti e compensazioni); Modello Consolidato Nazionale e Mondiale (Dichiarazione dei soggetti ammessi alla tassazione di gruppo di imprese controllate residenti e dei soggetti ammessi alla determinazione dell'unica base imponibile per il gruppo di imprese non residenti); Modello Irap (Dichiarazione Imposta Regionale sulle Attività Produttive); Modello Iva (Dichiarazione Imposta sul Valore Aggiunto); Modello Redditi Società di Capitali (Dichiarazione delle Società di capitali, enti commerciali ed equiparati); Modello Redditi Persone Fisiche (a sua volta suddiviso in tre fascicoli); Modello Redditi Società di Persone (Dichiarazione Società di persone e soggetti equiparati); Modello Redditi Enti non commerciali (Dichiarazione Enti non commerciali e soggetti equiparati).

A decorrere dal 2015, in un'ottica di semplificazione degli adempimenti tributari, per lavoratori dipendenti e pensionati è disponibile il Modello 730 precompilato.

Il meccanismo, una volta regime, consente al contribuente, che si sia registrato e accreditato sull'apposito sito dell'Agenzia delle Entrate, di verificare tutti i dati fiscali acquisiti dall'Agenzia (redditi, oneri deducibili e detraibili) e confermarli con un click. La dichiarazione si considera, così, presentata.

Normativa

D.p.r. 22 luglio 1998, n. 322, *Regolamento recante modalità per la presentazione delle dichiarazioni relative alle imposte sui redditi, all'imposta regionale sulle attività produttive e all'imposta sul valore aggiunto, ai sensi dell'art. 3, comma 136, della legge 23 dicembre 1996, n. 662.*

Dottrina

COPPOLA, *La dichiarazione e la sua rettificabilità*, Padova, 2005.

BORIA, *La privacy dei contribuenti e la dichiarazione tributaria*, in *Riv. dir. trib.*, 2006, 3, 183.

CHIORAZZI IACONO, *Modalità e termini per la correzione delle dichiarazioni fiscali: problematiche applicative ed orientamento della giurisprudenza di legittimità*, in *Il Fisco*, 2006, 4, 1-524.

NUSSI, *La dichiarazione tributaria*, Torino, 2008.

GROSSI, LUPI, *Dichiarazione "precompilata" tra simbolismo politico e realtà operativa*, in *Dialoghi tributari*, 2014, 5, 484.

Giurisprudenza

Cass. 25 maggio 2001, n. 7146, in *Banca Dati IPSOA*: "*Le dichiarazioni tributarie ed in particolare quelle previste in tema di imposta sul valore aggiunto, sono suscettibili di diventare irretrattabili se non tempestivamente e ritualmente rettificate dal contribuente, ma la irretrattabilità, se vale a rendere incontestabili le obbligazioni tributarie sorte e consolidate sulla base delle dichiarazioni che ne costituiscono il titolo, non preclude al contribuente la possibilità di dedurre gli errori di fatto e giuridici in cui sia incorso nella redazione della dichiarazione per contrastare, in sede contenziosa, le maggiori pretese impositive eventualmente fatte valere dall'Amministrazione finanziaria con atti di accertamento e di rettifica*".

Cass. 9 ottobre 2006, n. 21673, in *Il Fisco*, 2006, 40, 6277 con nota di GENOVESE, *Sono sanabili le dichiarazioni tributarie non sottoscritte dal contribuente*: "*In tema di dichiarazioni rese dai contribuenti ai fini fiscali, l'atto non sottoscritto dal suo autore non è radicalmente inesistente e può essere sanato o attraverso la sottoscrizione successiva o attraverso valutazioni in fatto che consentano di attribuire la paternità dell'atto al contribuente, senza richiedere allo stesso una postuma sottoscrizione (perciò ultronea), a fronte della sua volontà di utilizzare l'atto, manifestata nella sede processuale*".

Cass. 30 marzo 2007, n. 7890, in *Corr. trib.*, 2007, 31, 2519, con nota di LOGOZZO, *Non è inesistente la dichiarazione Iva non sottoscritta*: "*nel caso in cui l'Amministrazione, a fronte di una dichiarazione fiscale non sottoscritta, non abbia ritenuto di dover interpellare il dichiarante al fine di ottenerne la sottoscrizione, ben può ammettersi la conferma della medesima dichiarazione attraverso equipollenti ossia attraverso il fatto o l'atto spontaneamente osservato o compiuto col quale i dati dichiarati sono fatti propri dall'autore della dichiarazione irregolare*".

Cass. 4 aprile 2012; n. 5399, in *Il Fisco*, 2012, 19, 1-2970 con nota di BORGOGLIO, *Errata indicazione del codice attività ai fini degli studi di settore e emenda della dichiarazione*: "*L'errore commesso dal contribuente nella dichiarazione può essere emendato anche in sede contenziosa quando da esso possa derivare l'assoggettamento ad oneri contributivi diversi e più gravosi di quelli che dovrebbero legittimamente restare a suo carico. Per tale ragione, anche in assenza di presentazione di apposita dichiarazione integrativa, deve essere dichiarata l'illegittimità dell'avviso di accertamento basato sugli studi di settore quando questo sia stato emesso considerando il codice attività errato indicato dal contribuente in dichiarazione*".

Prassi

Agenzia delle Entrate, circolare 25 gennaio 2002, n. 6/E, (*Regolamento recante modifiche al decreto del Presidente della Repubblica 22 luglio 1998, n. 322, nonché disposizioni per la semplificazione e razionalizzazione di adempimenti tributari – d.p.r. 7 dicembre 2001, n. 435*). Agenzia delle Entrate, risoluzione 8 giugno 2011, n. 62/E (*Dichiarazione dei redditi – Firma – Art. 1, comma 5, d.p.r. n. 322/1998 – Interpello – Art. 11, legge 27 luglio 2000, n. 212*). Agenzia delle Entrate, circolare 23 marzo 2015, n. 11/E (*Modello 730 precompilato*).

17. MODELLO REDDITI PERSONE FISICHE

Introduzione

Il Modello Redditi Persone Fisiche comprende la dichiarazione dei redditi e ed è composto da:

FASCICOLO 1 (obbligatorio per tutti i contribuenti) suddiviso in:

– Frontespizio, costituito da tre facciate: la prima con i dati che identificano il dichiarante e l'informativa sulla privacy, la seconda e la terza che contengono informazioni relative al contribuente e alla dichiarazione;

– prospetto dei familiari a carico, quadri RA (redditi dei terreni), RB (redditi dei fabbricati), RC (redditi di lavoro dipendente e assimilati), RP (oneri e spese), RN (calcolo dell'Irpef), RV (addizionali all'Irpef), CR (crediti d'imposta), RX (compensazioni e rimborsi) e CS (contributo di solidarietà);

FASCICOLO 2 che contiene:

– i quadri necessari per dichiarare i contributi previdenziali e assistenziali e gli altri redditi da parte dei contribuenti non obbligati alla tenuta delle scritture contabili, nonché il modulo RW (investimenti all'estero) ed il quadro AC (amministratori di condominio);

– le istruzioni per la compilazione della dichiarazione riservata ai soggetti non residenti;

FASCICOLO 3 che contiene:

– i quadri necessari per dichiarare gli altri redditi da parte dei contribuenti obbligati alla tenuta delle scritture contabili.

Sono obbligati alla presentazione della dichiarazione dei redditi i contribuenti che:

– hanno conseguito redditi nell'anno d'imposta considerato e non rientrano nei casi di esonero elencati nelle precedenti tabelle;

– sono obbligati alla tenuta delle scritture contabili (come, in genere, i titolari di partita Iva), anche nel caso in cui non abbiano conseguito alcun reddito.

Normativa

V. riferimenti *sub* 16, DICHIARAZIONE TRIBUTARIA: PROFILI GENERALI.

Dottrina

LIBURDI, *La dichiarazione unificata delle persone fisiche*, in *Corr. trib.*, 2000, 19, 1375.

FORTE, *Il debutto del modello unico "mini"*, in *Corr. trib.*, 2009, 17, 1351.

Giurisprudenza

Comm. trib. prov. Milano, 14 luglio 2008, n. 185, in *Giur. trib.*, 2009, 1, 77, con nota di NUSSI, "*Laddove il contribuente abbia, per errore, omesso di indicare in sede di redazione della dichiarazione dei redditi – taluni costi deducibili agli effetti della determinazione del reddito di lavoro autonomo non può procedersi all'accoglimento dell'istanza di rimborso formulata* ex *art. 38, d.p.r. n. 602/1973 in quanto tale richiesta non trova fondamento nella dichiarazione presentata. Il contribuente, in virtù del principio di emendabilità della dichiarazione, avrebbe dovuto correggere tale errore secondo le facoltà accordategli dall'ordinamento tributario*".

Cass. civ., Sez. trib., 27 gennaio 2016; n. 1463, in *Banca Dati IPSOA*: "*La responsabilità solidale dei coniugi, che abbiano presentato dichiarazione congiunta, opera anche nel caso in cui il coniuge co-dichiarante sia estraneo alla produzione dei redditi accertati nei confronti del dichiarante ed, addirittura, quando detti redditi siano provento di illecito penale da esso commesso. Ai fini della solidarietà, l'azione giudiziaria e la pendenza del relativo processo nei confronti di uno dei condebitori solidali determina l'interruzione permanente della prescrizione anche nei confronti del condebitore restato estraneo al giudizio*".

Cass. civ., Sez. trib., 22 gennaio 2016; n. 1165, in *Banca Dati IPSOA*: "*La dichiarazione fiscale affetta da errori di fatto o di diritto da cui possa derivare, in contrasto con l'art. 53 della Costituzione, l'assoggettamento del contribuente a tributi più gravosi di quelli previsti per legge, è emendabile, anche in sede contenziosa. L'anzidetta dichiarazione, invero, ha natura di mera esternazione di scienza*".

Prassi

Agenzia delle Entrate, circolare 25 gennaio 2002, n. 6/E, *Regolamento recante modifiche al decreto del Presidente della Repubblica 22 luglio 1998, n. 322, nonché disposizioni per la semplificazione e razionalizzazione di adempimenti tributari – D.p.r. 7 dicembre 2001, n. 435*. Agenzia delle Entrate, circolare 1° giugno 2012, n. 19/E, *Irpef – Risposte a quesiti.*

18. MODELLO REDDITI SOCIETÀ DI CAPITALI

Il Modello Redditi Società di Capitali ed Enti equiparati è utilizzato dai seguenti soggetti all'imposta sul reddito delle società (Ires):

1. società per azioni e in accomandita per azioni, società a responsabilità limitata, società cooperative, comprese società cooperative che abbiano acquisito la qualifica di Onlus e cooperative sociali, società di mutua assicurazione, nonché le società europee di cui al regolamento (CE) n. 2157/2001 e le società cooperative europee di cui al regolamento (CE) n. 1435/2003, residenti nel territorio dello Stato;
2. enti commerciali (enti pubblici e privati, diversi dalle società, nonché i trust, che hanno per oggetto esclusivo o principale l'esercizio di attività commerciali), residenti nel territorio dello Stato;
3. società di ogni tipo (tranne società semplici, società e associazioni ad esse equiparate ai sensi dell'art. 5 del t.u.i.r.) nonché enti commerciali non residenti nel territorio dello Stato, compresi i trust, che hanno esercitato l'attività nel territorio dello Stato mediante stabile organizzazione.

Le società per azioni e in accomandita per azioni, le società a responsabilità limitata, le società cooperative e le società di mutua assicurazione residenti nel territorio dello Stato hanno l'obbligo di presentare la dichiarazione dei redditi "Modello Redditi– Società di capitali, Enti commerciali ed equiparati" anche se non hanno conseguito alcun reddito o hanno subìto una perdita.

Qualora i ricavi, i costi, le rimanenze e gli altri elementi necessari per la determinazione del reddito, secondo le disposizioni del t.u.i.r., non risultino dal bilancio o dal rendiconto, essi devono essere indicati in apposito prospetto (da predisporre e conservare).

Normativa

V. riferimenti *sub* 16, DICHIARAZIONE TRIBUTARIA: PROFILI GENERALI

Dottrina

BERARDO, DULCAMARE, *Le modifiche al quadro RU del mod. unico 2008*, in *Corr. trib.*, 2008, 25, 1997.

Prassi

Agenzia delle Entrate, circolare 25 gennaio 2002, n. 6/E (*Disposizioni per la semplificazione e razionalizzazione di adempimenti tributari*).

19. MODELLO 770 e C.U.

La dichiarazione dei sostituti d'imposta si compone di due parti in relazione ai dati in ciascuna di esse richiesti: la Certificazione unica e il Modello 770.

Il **Mod. 770** è utilizzato dai sostituti d'imposta, dagli intermediari e dagli altri soggetti che intervengono in operazioni fiscalmente rilevanti, tenuti, sulla base di specifiche disposizioni normative, a comunicare i dati relativi alle ritenute operate su dividendi, proventi da partecipazione, redditi di capitale erogati nell'anno d'imposta oggetto della dichiarazione od operazioni di natura finanziaria effettuate nello stesso periodo, nonché i dati riassuntivi relativi alle indennità di esproprio e quelli concernenti i versamenti effettuati, le compensazioni operate ed i crediti d'imposta utilizzati.

La **Certificazione Unica** deve essere utilizzata dai sostituti d'imposta comprese le Amministrazioni dello Stato, per comunicare in via telematica all'Agenzia delle Entrate i dati fiscali relativi alle ritenute operate nell'anno precedente. Detta certificazione contiene i dati relativi alle certificazioni rilasciate ai soggetti cui sono stati corrisposti in tale anno redditi di lavoro dipendente, equiparati ed assimilati, indennità di fine rapporto, prestazioni in forma di capitale erogate da fondi pensione, redditi di lavoro autonomo, provvigioni e redditi diversi nonché i dati contributivi, previdenziali ed assicurativi e quelli relativi all'assistenza fiscale prestata nell'anno in questione per il periodo d'imposta precedente. Sono disponibili due modelli: l'uno ordinario, l'altro sintetico.

Normativa

V. riferimenti *sub* 16, DICHIARAZIONE TRIBUTARIA: PROFILI GENERALI.

Dottrina

BERSIGOTTI, *Distribuzione di dividendi e cessione di partecipazioni Obblighi ed adempimenti delle società fiduciarie*, in *Il Fisco*, 2006, 10, 1-1483.

GAVELLI, SANTINI, *Sulla scomputabilità in dichiarazione delle ritenute non certificate o non versate*, in *Il Fisco*, 2006, 39, 1-6119.
GULLO, *La rilevanza penale della dichiarazione del sostituto d'imposta*, in *Il Fisco*, 2013, 16, 1-2420.

Giurisprudenza

Cass. 11 gennaio 2013, n. 1443, "*Nel reato di omesso versamento di ritenute certificate, la prova delle certificazioni attestanti le ritenute operate dal datore di lavoro, quale sostituto d'imposta, sulle retribuzioni effettivamente corrisposte ai sostituiti, può essere fornita dal pubblico ministero mediante documenti, testimoni o indizi. (Fattispecie nella quale è stata ritenuta sufficiente la allegazione dei mod. 770 provenienti dallo stesso datore di lavoro)*".

Prassi

Agenzia delle Entrate, risoluzione 21 dicembre 2006, n. 145/E (*Condizioni per l'utilizzo della rete Intranet per la consegna del Modello CUD*). Agenzia delle Entrate, risoluzione 19 maggio 2008, n. 201/E (*Dichiarazione del sostituto d'imposta e adempimenti società fiduciarie estere*).

20. MODELLO IVA

Il modello di dichiarazione annuale Iva, concernente l'anno d'imposta precedente, deve essere utilizzato sia dai contribuenti tenuti alla presentazione di tale dichiarazione in via autonoma, sia dai contribuenti obbligati a comprendere la dichiarazione annuale Iva nel modello Unico.

Sono obbligati alla presentazione del Modello Iva i seguenti soggetti:

– i soggetti non residenti che hanno istituito nel territorio dello Stato una stabile organizzazione ovvero che si avvalgono dell'istituto della rappresentanza fiscale o dell'identificazione diretta;
– le società di gestione del risparmio che gestiscono fondi immobiliari chiusi;
– i soggetti tenuti ad utilizzare il modello F24 auto UE;
– i curatori fallimentari e dai commissari liquidatori tenuti a presentare la dichiarazione annuale per conto dei soggetti Iva sottoposti a procedura concorsuale;
– le società che hanno partecipato ad una procedura di liquidazione dell'Iva di gruppo di cui all'art. 73.

La presentazione della dichiarazione annuale Iva da parte dei soggetti tenuti a tale adempimento deve essere effettuata esclusivamente per via telematica.

La dichiarazione si considera presentata nel giorno in cui è trasmessa mediante procedure telematiche e precisamente nel giorno in cui è conclusa la ricezione dei dati da parte dell'Agenzia delle Entrate.

Il modello di dichiarazione annuale Iva Base è una versione semplificata del modello di dichiarazione annuale Iva e può essere utilizzato, in alternativa, dai soggetti Iva in possesso di determinati requisiti.

Normativa

D.p.r. 26 ottobre 1972, n. 633, *Istituzione e disciplina dell'imposta sul valore aggiunto.*

D.p.r. 22 luglio 1998, n. 322, *Regolamento recante modalità per la presentazione delle dichiarazioni relative alle imposte sui redditi, all'imposta regionale sulle attività produttive e all'imposta sul valore aggiunto, ai sensi dell'art. 3, comma 136, della legge 23 dicembre 1996, n. 662.*

Dottrina

BARONI, *La nuova dichiarazione Iva periodica: sanzioni e ravvedimento operoso*, in *Corr. trib.*, 2000, 5, 305.

FICARI, *La dichiarazione Iva*, in *Rass. trib.*, 2000, 3, 756.

BASILAVECCHIA, *Conseguenze dell'omissione della dichiarazione Iva sul riporto del credito alle annualità successive*, in *Corr. trib.*, 2015, 4, 281.

CENTORE, *Al vaglio delle sezioni unite la natura giuridica della dichiarazione annuale Iva*, in *Corr. trib.*, 2014, 37, 2853.

Giurisprudenza

Cass. 20 ottobre 2008, n. 39177, in *Banca Dati IPSOA*: "*La circostanza giusta la quale il contribuente abbia emesso fatture per operazioni inesistenti non esime il medesimo dal versamento dell'imposta e dai relativi adempimenti quali l'obbligo di liquidazione periodica e di presentazione della dichiarazione annuale*".

Cass. 22 settembre 2011, n. 19326, in *Banca Dati IPSOA*: "*L'omessa presentazione della dichiarazione annuale esclude, per il contribuente, la possibilità di recuperare il credito maturato nel relativo periodo di imposta attraverso il trasferimento della detrazione nel periodo d'imposta successivo; in tal caso, il contribuente può soltanto esercitare il diritto al rimborso, ricorrendone i presupposti*".

Prassi

Agenzia delle Entrate, circolare 25 gennaio 2002, n. 6/E (*Regolamento recante modifiche al decreto del Presidente della Repubblica 22 luglio 1998, n. 322, nonché disposizioni per la semplificazione e razionalizzazione di adempimenti tributari – D.p.r. 7 dicem-*

bre 2001, n. 435). Agenzia delle Entrate, circolare 25 gennaio 2011, n. 1/E (*Iva – Adempimenti annuali dei contribuenti Iva – Dichiarazione annuale ed esonero dalla presentazione della comunicazione annuale dati*).

21. MODELLO IRAP

Il Modello Irap è utilizzato per dichiarare l'imposta regionale sulle attività produttive, istituita dal d.lgs. 15 dicembre 1997, n. 446 e successive modificazioni.

Presupposto dell'imposta, il cui periodo coincide con quello valevole ai fini delle imposte sui redditi, è l'esercizio abituale, nel territorio delle regioni, di attività autonomamente organizzate dirette alla produzione o allo scambio di beni ovvero alla prestazione di servizi.

L'attività esercitata dalle società e dagli enti, compresi gli organi e le amministrazioni dello Stato, costituisce in ogni caso presupposto d'imposta.

Normativa

D.p.r. 22 luglio 1998, n. 322, *Regolamento recante modalità per la presentazione delle dichiarazioni relative alle imposte sui redditi, all'imposta regionale sulle attività produttive e all'imposta sul valore aggiunto, ai sensi dell'art. 3, comma 136, della legge 23 dicembre 1996, n. 662.*

Art. 4, d.p.r. 14 ottobre 1999, n. 542, *Regolamento recante modificazioni alle disposizioni relative alla presentazione delle dichiarazioni dei redditi, dell'Irap e dell'Iva.*

Art. 1, co. 52, legge 27 dicembre 2007, n. 244.

Dottrina

POLO, *Definite le nuove regole per la presentazione delle dichiarazioni dei redditi, dell'Irap e dell'Iva: le disposizioni introdotte dal d.p.r. 14 ottobre 1999, n. 542*, in *Il Fisco*, 2000, 10, 2781.

MASTROBERTI, *Dichiarazione Irap: modalità e termini di presentazione*, in *Il Fisco*, 2009, 1, 2-2141.

FERRANTI, *La dichiarazione Irap degli esercenti arti e professioni*, in *Corr. trib.*, 2009, 17, 1335.

PETRANGELI, *La dichiarazione Irap 2010 per le società di capitali*, in *Corr. trib.*, 2010, 20, 1576.

Giurisprudenza

Comm. trib. prov. Roma, 18 maggio 2004, n. 149, in *Banca Dati IPSOA*: "*La richiesta di* *rimborso della Irap indebitamente versata in quanto difetti la 'autonoma organizzazione' della attività esercitata deve essere compiuta attraverso la presentazione d'apposita dichiarazione rettificativa di quell'originaria come previsto dal comma 8 dell'art. 2 del d.p.r. n. 322/1998 (e successivamente, a partire dal 1° gennaio 2002, per effetto dell'entrata in vigore delle modifiche di cui all'art. 2 del d.p.r. 7 dicembre 2001, n. 435, dal comma 8-*bis *dello stesso articolo). In caso contrario (cioè in caso presentazione di 'semplice' istanza di rimborso in base all'art. 38 del d.p.r. n. 602/1973) si potrebbe determinare un'ingiustificata e rilevante erosione della materia imponibile complessivamente assoggettata a tale imposta, con una altrettanto ingiustificata distorsione del carico fiscale individuale gravante sulle singole imprese e connessa violazione del principio della libera concorrenza fra le stesse alla cui difesa il sistema economico nazionale ed europeo appare oggi particolarmente sensibile*".

Comm. trib. reg. Torino, Sez. XII, 13 maggio 2008, n. 19, in *Banca Dati IPSOA*: "*L'obbligo di compilare il Modello Irap all'interno di Unico, pena la mancata acquisizione da parte del Sistema Centrale dell'Anagrafe Tributaria, non necessariamente comporta la debenza dell'imposta dichiarata*".

Cass. 7 febbraio 2013, n. 2874, in *Banca Dati IPSOA*: "*Ai fini dell'accertamento della violazione di cui all'art. 2 del d.p.r. 22 luglio 1998, n. 322, che, per la presentazione della dichiarazione IRAP, stabilisce (nel testo* 'ratione temporis' *applicabile) il termine di 'un mese dall'approvazione del bilancio o rendiconto' e, se il bilancio non è stato approvato nel termine fissato dalla legge o dall'atto costitutivo, 'un mese dalla scadenza del termine stesso', occorre fare riferimento all'art. 2364, comma 2, c.c., il quale, nel testo vigente prima della riforma del diritto societario, prevede che l'assemblea ordinaria, unico organo competente all'approvazione del bilancio o del rendiconto, 'deve essere convocata almeno una volta all'anno, entro quattro mesi dalla chiusura dell'esercizio sociale' e che 'l'atto costitutivo può stabilire un termine maggiore, non superiore in ogni caso a sei mesi, quando particolari esigenze lo richiedono'. Poiché, peraltro, l'approvazione del bilancio di esercizio può legittimamente avvenire in seconda convocazione, in tale ipotesi il termine di un mese per la presentazione della dichiarazione decorre dalla data di effettiva approvazione del bilancio, pur se successiva al termine legale o statutario. (Principio enunciato con riferimento alla mancata approvazione entro il termine ordinario, in quanto la prima convocazione era andata deserta ed il bilancio era stato approvato in seconda convocazione)*".

Prassi

Agenzia delle Entrate, circolare 13 giugno 2008 n. 45/E (*Assoggettabilità all'imposta degli esercenti arti e professioni giurisprudenza della Corte di cassazione*). Agenzia delle Entrate, risoluzione 29 luglio 2011, n. 79/E (*Trattamento delle eccedenze pregresse e compilazione del modello Unico*). Agenzia delle Entrate, circolare 6 agosto 2012, n. 34/E (*Riconoscimento delle eccedenze di imposta a credito maturate in annualità per le quali le dichiarazioni risultano omesse*). Agenzia delle Entrate, circolare 9 giugno 2015 n. 22/E (*Modifiche alla disciplina dell'IRAP – Legge di Stabilità 2015*).

22. FATTURA PER OPERAZIONI IMPONIBILI

(Iva)

Il I titolari di Partita Iva, al fine di una corretta applicazione della normativa di riferimento, devono obbligatoriamente documentare le operazioni effettuate (cessione di beni o prestazioni di servizi) in relazione all'attività esercitata emettendo apposita fattura (art. 21 del d.p.r. n. 633/1972).

L'obbligo di fatturazione risponde alle esigenze di documentazione e di controllo delle operazioni rilevanti ai fini Iva (imponibili, non imponibili, esenti) e legittima il cedente o prestatore ad esercitare la rivalsa, e l'acquirente o committente ad operare la detrazione dell'imposta addebitata.

La fattura deve avere un preciso contenuto che la identifichi in modo univoco; in tal senso rilevano, quindi, la data ed il numero progressivo di emissione, i riferimenti del soggetto cedente o prestatore con relativo numero di partita Iva ed i riferimenti del soggetto cessionario o committente, nonché la natura, qualità, quantità e corrispettivo dei beni e dei servizi che costituiscono l'oggetto dell'operazione. Per le operazioni imponibili occorre, altresì, precisare l'aliquota ed il *quantum* del tributo; viceversa, per quelle non imponibili o esenti bisogna indicare, in luogo dell'aliquota e dell'imposta, il titolo che ne giustifica la non applicabilità e, di conseguenza, la relativa norma di legge.

La fattura può essere prodotta in formato elettronico o cartaceo; nel secondo caso deve essere emessa in duplice copia, con l'obbligo di consegnarne o spedirne uno degli esemplari all'altra parte.

Da ultimo, le fatture emesse devono essere annotate nel termine di quindici giorni in apposito registro, nell'ordine della loro numerazione e con riferimento alla data della loro emissione (art. 21 del d.p.r. n. 633/1972).

Normativa

Art. 21, d.p.r. 26 ottobre 1972, n. 633; Art. 23, d.p.r. 26 ottobre 1972, n. 633; Art. 1, d.p.r. 26 ottobre 1972, n. 633; Art. 8, d.p.r. 26 ottobre 1972, n. 633; Art. 9, d.p.r. 26 ottobre 1972, n. 633; Art. 10, d.p.r. 26 ottobre 1972, n. 633.

Dottrina

ZANNI, *La nuova disciplina della fatturazione*, in *Il Fisco*, 2013, 6, 907.

MARINI-MURATORI, *Disciplina sulla fatturazione: novità e implicazioni*, in *Amm. fin.*, 2013, 2, 19.

GABELLI, *Fatturazione: modifiche introdotte dalla "legge di stabilità": l'Agenzia delle entrate fornisce alcuni chiarimenti*, in *Società (Le)*, 2013, 7, 877.

BORGOGLIO, *Registrazione delle operazioni imponibili ed esigibilità dell'Iva*, in *Il Fisco*, 2014, 3, 269.

Giurisprudenza

Cass. civ., Sez. V, 2 marzo 2012, n. 3259, in *Società (Le)*, 2012, 4, 476, con nota di GABELLI, *La fattura mancante dei requisiti prescritti dall'art. 21, d.p.r. n. 633/1972 non è idonea a provare l'esistenza delle operazioni nella stessa riportate*: "*L'irregolarità delle fatture in punto di descrizione della natura dell'operazione, quantità e qualità dei beni venduti, oggetto della prestazione di servizi, facoltizza l'Amministrazione finanziaria alla determinazione del reddito e del volume d'affari con metodo induttivo*".

Cass. civ., Sez. V, 1° ottobre 2014, n. 20698, in *Il Fisco*, 2014, 39, 3889, con nota di PEIROLO, *Indetraibilità dell'Iva in caso di omessa annotazione della fattura passiva nel registro degli acquisti*: "*In materia di IVA, la violazione degli obblighi di fatturazione e di registrazione di cui agli artt. 21, 23, 24 e 25 del d.P.R. 26 ottobre 1972, n. 633, qualora sia di tale entità da impedire la realizzazione degli obiettivi, perseguiti dalla disciplina comunitaria, di assicurare l'esatta riscossione dell'imposta e di evitarne l'evasione, comporta la perdita del diritto alla detrazione dell'IVA assolta sugli acquisti effettuati negli anni in contestazione, in quanto è nella facoltà degli Stati membri imporre al soggetto passivo l'osservanza della totalità delle norme contabili nazionali, conformi ai principi comunitari, ai fini del corretto e legittimo esercizio di tale detrazione. (Cassa e decide nel merito, Comm. Trib. Reg. Perugia, 14/09/2007)*".

Cass. pen., Sez. III, 3 dicembre 2014 n. 50628, in *Il Fisco*, 2015, 1, 93, con nota di SANTORIELLO, *Presupposti rilevanti nel reato di emissione di "altri documenti" per operazioni inesistenti*; e in *Società (Le)*, 2015, 2, 244, con nota di GABELLI, *Per l'integrazione dei reati di emissione ed utilizzo di documenti falsi rilevano solo le fatture ed i documenti ad esse pienamente parificabili*: "*Si deve escludere che una fattura priva dei requisiti indicati dall'articolo 21 del d.P.R. n. 633/1972 possa qualificarsi come tale oppure come documento in tutto e per tutto parificabile, ex art. 1, comma 1, lett. a), d.Lgs. n. 74/2000, alle fatture propriamente dette. Da ciò discende che la fattura mancante dei requisiti di legge non può essere qualificata come 'emessa' ai sensi dell'articolo 8. È evidente però che chi commette un falso materiale non è punibile ex art. 8, d.Lgs. n. 74/2000, ma risponde del delitto di dichiarazione fraudolenta mediante uso di fatture o altri documenti sia ideologicamente che materialmente falsi, delitto in relazione al quale è punibile l'attuale ricorrente quale concorrente ex art. 110 cod. pen.*".

Cass. civ., Sez. V, 22 maggio 2015, n. 10606, in *Il Fisco*, 2015, 25, 2490, con nota di PEIROLO, *Acconti all'esportazione con Iva se non è provata la destinazione all'esportazione*; e in *Corr. trib.*, 2015, 31, 2429, con nota di ID., *Limiti applicativi della non imponibilità IVA degli acconti* all'esportazione; e in *Riv. giur. trib.*, 2015, 8/9, 727, con nota di GLENDI-BRUZZONE, *Cessioni di beni*: "*È dovuta l'Iva sull'acconto versato per la cessione all'esportazione di un bene specificamente individuato se, già prima della consegna, non sia provata la destinazione all'estero di tale bene*".

Cass. civ., Sez. V, 21 luglio 2015, n. 15302, in *Riv. dir. trib.*, 2015, 6, II, 348, con nota di MONTEMITRO, *Il contenuto dell'obbligo della regolarizzazione della fattura da parte del cessionario o committente*; e in *Il Fisco*, 2015, 35, 3377, con nota di PEIROLO, *Obbligo di regolarizzazione della fattura limitato agli errori formali*: "*Il controllo sulla regolarità della fattura richiesto al cessionario/committente dall'art. 6, comma 8, lettera b), del D.Lgs. n. 471/1997 è intrinseco al documento, in quanto limitato alla regolarità formale della fattura e, dunque, alla verifica dei suoi requisiti essenziali, individuati dall'art. 21 del D.P.R. n. 633/1972, tra i quali rilevano, tra gli altri, i dati relativi alla natura, qualità, quantità dei beni e dei servizi, all'ammontare del corrispettivo, all'aliquota e all'ammontare dell'imposta e dell'imponibile*".

Cass. civ., Sez. VI, 29 settembre 2015, n. 19368, in *Banca Dati "fisconline"*: "*La non imponibilità ai fini IVA, più che a un elemento formale e cioè all'indicazione in fattura di un esatto numero identificativo, è legata al requisito sostanziale della soggettività passiva del cessionario comunitario, incorrendosi altrimenti nel divieto di doppia tassazione stabilito dal diritto dell'UE in materia di IVA. Pertanto, dalle irregolarità delle fatture riguardo all'indicazione di codici identificativi degli operatori possono derivare conseguenze sul piano sanzionatorio, senza che operazioni per loro natura non imponibili divengano imponibili in dipendenza d'irregolarità formali*".

Prassi

Agenzia delle Entrate, circolare n. 45/E del 19 ottobre 2005, in *www.agenziaentrate.it* (*Scritture e documenti contabili: fatturazione, semplificazione ed armonizzazione della fatturazione*). Agenzia delle Entrate, circolare n. 12/E del 3 maggio 2013, in *www.agenziaentrate.it* e in *Il Fisco*, 2013, 19, 2923, con commento di BORGOGLIO, *Il Fisco chiarisce le novità in materia di fatturazione.*

23. FATTURA PER OPERAZIONI NON IMPONIBILI
(Iva)

V. riferimenti *sub* 23, FATTURA PER OPERAZIONI IMPONIBILI.

Normativa

V. riferimenti *sub* 23, FATTURA PER OPERAZIONI IMPONIBILI.

Dottrina

V. riferimenti *sub* 23, FATTURA PER OPERAZIONI IMPONIBILI.

Giurisprudenza

V. riferimenti *sub* 23, FATTURA PER OPERAZIONI IMPONIBILI.

Prassi

V. riferimenti *sub* 23, FATTURA PER OPERAZIONI IMPONIBILI.

24. FATTURA PER OPERAZIONI ESENTI

(Iva)

V. riferimenti *sub* 23, FATTURA PER OPERAZIONI IMPONIBILI.

Normativa

V. riferimenti *sub* 23, FATTURA PER OPERAZIONI IMPONIBILI.

Dottrina

V. riferimenti *sub* 23, FATTURA PER OPERAZIONI IMPONIBILI.

Giurisprudenza

V. riferimenti *sub* 23, FATTURA PER OPERAZIONI IMPONIBILI.

Prassi

V. riferimenti *sub* 23, FATTURA PER OPERAZIONI IMPONIBILI.

Finito di stampare nel mese di maggio 2021
nella Stampatre s.r.l. di Torino
Via Bologna, 220

lamiaLibreria

lamiaLibreria è un'area *in the cloud* totalmente gratuita che offre contenuti e servizi aggiuntivi legati a opere presenti nel catalogo Giappichelli.

Avvertenza

I materiali integrativi *on line* di ogni testo sono disponibili nell'area lamiaLibreria per tutto il tempo in cui il testo sarà presente nel catalogo Giappichelli.

Come accedere

Nel sito *www.giappichelli.it* cliccare su "*Accedi/Registrati*" posto nella barra in alto a destra.
Per accedere al servizio la prima volta è necessario registrarsi e impostare la propria *username* e *password*.

Come sbloccare i contenuti

All'interno de "*Il mio account*" cliccare su "*I miei contenuti extra*" e nella casella "*applica un codice*" digitare il numero di serie presente sul bollino SIAE che si trova nella prima pagina del volume.

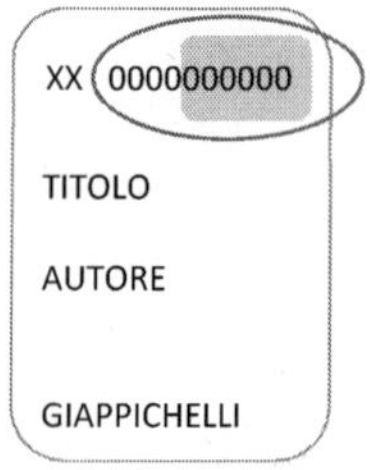

Cosa contiene

- Casi e Materiali.

www.giappichelli.it